本书由渭南师范学院优秀学术出版基金资助出版

马克思主义正义观研究

Research on Marx's View of Justice

屈琦 韩文娟 苟卫锋 ◎ 著

中国社会科学出版社

图书在版编目(CIP)数据

马克思主义正义观研究／屈琦，韩文娟，苟卫锋著.—北京：
中国社会科学出版社，2017.12
ISBN 978-7-5161-9878-0

Ⅰ.①马…　Ⅱ.①屈…②韩…③苟…　Ⅲ.①马克思主义–
正义–研究　Ⅳ.①A811.64

中国版本图书馆CIP数据核字(2017)第031392号

出　版　人	赵剑英	
责任编辑	任　明	
责任校对	刘　娟	
责任印制	李寡寡	

出　　版	中国社会科学出版社	
社　　址	北京鼓楼西大街甲158号	
邮　　编	100720	
网　　址	http://www.csspw.cn	
发 行 部	010-84083685	
门 市 部	010-84029450	
经　　销	新华书店及其他书店	

印刷装订	北京市兴怀印刷厂	
版　　次	2017年12月第1版	
印　　次	2017年12月第1次印刷	

开　　本	710×1000　1/16	
印　　张	14.5	
插　　页	2	
字　　数	202千字	
定　　价	75.00元	

前　言

　　正义是人类社会的道德理想和价值追求。古希腊时期，以柏拉图、亚里士多德为代表的一大批伟大的思想家、哲学家就开始关注正义问题，他们就什么是正义，正义何以可能等社会问题大都有过深刻的论述，他们的见解为后人进一步认识、研究正义问题提供了丰富的理论资源。近代以康德、黑格尔为代表的资产阶级自然法学思想家，进一步发展了古典自然法学家的正义观，自由、平等、权利成为这一时期正义理论的主题。在当代西方，以罗尔斯为代表，在批判地继承传统契约主义正义观的基础上，探讨平等、自由、公正机会、分配份额、差别原则等问题，对正义问题作出了全新的阐释，提出了一些解决问题的建议或希望。

　　马克思等经典作家并没有专门的著作研究正义问题，但是在其许多著作中表达了关于正义的观点。他们一生致力于对资本主义非正义现象的批判，追求全人类的彻底解放，实现人类社会真正意义上的公正。可以说，正义观是马克思主义理论的一个有机组成部分。本书力图通过对一些论著及相关材料的解读，从中归纳、整理出马克思主义正义观。我们分析了马克思主义正义观的理论来源，总结了马克思主义者对资产阶级正义观的批判，并在此基础上从正义的实质、根本要求等方面入手阐释马克思正义观的基本内容。

　　我们研究马克思主义正义观主要包括以下四个部分：

第一编，是对马克思主义正义观的基本考察。

首先，从宏观的角度整体论述了马克思主义正义观的理论渊源。通过归纳总结学者对"公平""正义"不同涵义的解读，洞悉各正义理论的合理性与历史局限性。马克思的博士学位论文是马克思初探正义问题的开山之作，在该文中，马克思研究了德谟克利特与伊壁鸠鲁的自然哲学之分，表明其早期正义思想深受古典正义思想影响。甚至来说，这一时期马克思对古典正义理论并没有完全地进行批判，相反，在某些场合某些方面还进行了赞扬。然而，现实与理论之间的强烈反差，让他逐渐认识到自由主义正义或许存在着不足的地方。因此，马克思逐渐走向了批判自由主义正义的道路。

其次，主要阐述了马克思主义公平正义观的基本内容、特点。这里的马克思主义正义观，侧重指马克思、恩格斯关于公平正义思想的论述。马克思、恩格斯对公平正义的论述散见于《黑格尔法哲学批判》《德法年鉴》《1844 年经济学哲学手稿》《德意志意识形态》《资本论》等著作中。我们力图通过系统的梳理，从唯物史观、对资产阶级的批判以及对未来社会的理想等方面阐述马克思主义正义观的主要内容及其特点，由这些著作的论述梳理出马克思主义正义观形成的轨迹。《黑格尔法哲学批判》是马克思批判自由主义正义的开端，一方面他在批判黑格尔哲学的过程中反思了自己曾经有过的正义理念；另一方面这也为其日后全面系统地批判自由主义正义奠定了良好的基础。《德意志意识形态》则是马克思主义正义观形成的一个重大转折点，在这部著作中他摆脱了思辨哲学的方法，充分运用历史唯物主义的方法论，对自由主义正义进行了全面而有效的批判。马克思从思辨哲学走向历史唯物主义，不仅成为其思想历程中的重大跨越，也成为其驳斥自由主义正义的重大跨越。《资本论》是一部政治经济学著作，在这部著作里也处处体现出对自由主义正义的批判，这从另一个角度反映出马克思对自由主义正义批判的全面性。概言之，马克思、恩格斯不仅吸收了其之前学者关于公平正义的合理思想，而且立足于实践，实现了继承基础上的理论创新，并在创新基础上实现不断地超越。

　　最后，揭示出马克思主义正义观在中国的发展及其当代价值。马克思主义正义观不仅在中国革命和建设年代具有重要作用，而且对当代社会实现公平正义具有重要的价值。在这一过程中，正义的具体内容随着社会形势发展和时代主题要求而发生了三次大的转向。马克思主义正义观中包含的物质生产是社会正义的基础、正义的理想性寓于正义的现实性之中、正义的形式性服务于正义的实质性、当代中国正义思想对其公平正义思想的继承与创新等都充分彰显了其理论价值与实践价值。

　　第二编，是对马克思主义正义观与中国传统正义观契合点的分析。

　　本部分通过比较马克思主义正义观与中国传统正义思想，寻求马克思主义中国化过程中与传统文化的契合点。儒、道、墨、法四大学派的正义观念，构成了中国古典正义观念的主要内容。儒家的道义论正义观念、道家的自然论正义观念、墨家的功利论正义观念、法家的法治论正义观念，使中国古典正义观呈现丰厚的思想底蕴和多彩的精神风貌。传统正义理论勾勒的大同社会与共产主义社会有高度的契合性，这也可以看作是马克思主义能在中国得以传播并被民众接受的文化因素。

　　第三编，是对罗尔斯《正义论》的审视。

　　本部分主要是对马克思主义正义观和当代西方社会以罗尔斯为代表的正义论进行对比。马克思主义正义观是以推翻现有的社会制度为前提的，是具有革命性的，目的是建立不存在阶级差别的共产主义社会，这是正义得以实现的制度保障。罗尔斯并不要求对现有的社会制度进行改变，不要求消灭私有制。罗尔斯认为应该在现有的制度内，按照合理的正义原则对法律、经济制度进行调整，就能够建立一个正义的社会。他们的正义思想虽然有很大的差异之处，但是两种理论的相似点在于，都以对社会底层人群的深切同情为出发点来探讨平等，同时批判现实社会的不公正。

第四编，是对当代几种主要社会思潮中的正义主张进行了简单梳理、比较和批判，以期从现实角度对社会正义问题进行回应。

必须指出的是，在汉语中，我们日常使用"正义""公平""公正"这几个词时，大多数时候将它们混淆了，因为它们之间有共通之处。在日常所用的汉语语境中，"正义""公平""公正"等词有时可以通用，表示个人品行端正、组织平等无私、制度合理有序等社会公共美德。然而，从严格意义上讲，这几个词所表述的概念和内涵是不同的。公平和公正主要指在既定的法律规则内，社会成员在经济利益和政治权利的分配上能够符合既定的、公认的标准；而正义则是超出法律规则之外的最高价值准则，是有助于人类社会实现真、善、美的境界，是人类社会发展的必需品。因此，正义高于公平和公正，正义侧重于强调价值层面的含义，具有抽象的意义。因而，"正义"是一个涉及范围广泛、涉及层面较高的概念，不仅涉及经济、政治、文化、法律等问题，还与社会准则和人类价值的实现等问题息息相关。本书正是从正义体现着人类价值的主要内涵，是人之为人的真正之义这个角度研究的。

罗尔斯认为，"正义是社会制度的首要价值，正像真理是思想的首要价值一样。一种理论，无论它多么精致和简洁，只要它不真实，就必须加以拒绝或修正；同样，某些法律制度，不管它们如何有效率和有条理，只要它们不正义，就必须加以改造或者废除"①。当前，我国正处于社会转型期，利益格局需要调整，社会构成也发生重大变化，存在着贫富差距拉大、分配不公、社会保障缺乏、民主法治不健全、社会矛盾不断激化等矛盾，进而对社会发展的基本目标和基本秩序产生十分不利的负面影响。我们以为，通过马克思主义正义观及正义基本规则的确立与实施，可以减轻或缓解前述负面影响，尽可能地抑制住社会动荡因素的生长，保证社会的正常运转和健康发展。因此，促进社会公平，实现正义是一个重大的理论与现实课题，对中国

---

① ［美］罗尔斯：《正义论》，何怀宏等译，中国社会科学出版社1988年版，第3页。

顺利而平稳地度过社会转型期至关重要，是中国社会发展之亟须。社会是否实现正义也是判断中华民族是否实现伟大复兴的一个重要指标。研究马克思主义正义观，能够引起人们对于正义问题的反思，能够在一定程度上帮助和解决中国目前的正义问题，对当代中国的正义问题有着一定的实践意义。作为社会科学工作者，有责任研究、提出富有建设性的意见和建议，为破解发展中的难题提供分析，为认识和解决社会正义问题提供新的理论视角。这也是本书写作的出发点。

屈　琦　韩文娟　苟卫锋

2015 年 7 月

目　　录

第一编　马克思主义正义观的基本考察

第一编

马克思主义正义观的
基本考察

"正义理论是对人们在其社会生活中提出的正义问题的理论回答，是系统化、理论化的正义观。而正义观则是人类对自身行为，对人与人之间的社会关系及个人与社会之间的关系是否公正合理的价值评价与理性反思。正义观本质上属社会历史范畴，对正义问题的科学阐释只有基于科学的社会历史观才有可能。在当代，社会正义问题是哲学社会科学研究的一大热点，各种正义理论纷纷问世，有关正义问题的理论论争甚为激烈。在西方，较有影响的几大正义理论包括哈耶克的'保守'自由主义正义论、罗尔斯的自由平等主义的'公平正义论'等等。透视西方正义理论的发展及有关正义之争的整体图像，我们可以发现，其间虽不乏一些有价值的思想，但都没有建立在科学的社会历史观的基础之上，且在方法论上都陷入了非历史主义的泥潭，因而总体上都不是科学的。笔者认为，马克思主义的历史唯物主义为我们分析正义问题提供了科学的历史观和方法论，它是我们构建科学的正义理论的指南。"① 认真考察和梳理马克思主义正义观，对于正确认识我国社会主义实践中的正义问题，树立马克思主义正义观具有十分重要的理论意义和实践意义。

---

① 袁久红：《历史主义与正义理论的科学构建》，《光明日报》2002 年 3 月 26 日。

第一章

马克思主义正义观的源流

马克思主义正义观的形成是一个历史过程。古希腊哲学、德国古典哲学、英法古典政治经济学和空想社会主义，无不蕴含着丰富的正义思想。这些正义思想都是马克思主义正义观形成的理论渊源，马克思从先贤们的思想中汲取理论上的营养，同时结合无产阶级运动的时代背景，形成了具有丰富内在意蕴的马克思主义正义观。

第一节 古希腊自然法中的正义观

古希腊文明体现了人类早期的智慧，是人类社会发展的智慧之基。这一时期有关正义的观点和思想是正义理论发展的智慧源泉，也是马克思主义正义观形成、发展和完善的思想基石。在古希腊早期，哲学家赫拉克利特就有了自然法正义思想的萌芽，认为正义的参照应当是归于"自然"，但是这种自然并非我们当今所认识的自然，在那个时代仍然带着一种神秘主义色彩，即神所创制的秩序，这里他们强调的是神性。后来，自然法思想历经苏格拉底、柏拉图、亚里士多德，特别是到斯多葛学派得以完善。古代西方哲人们的思想在古典自然法学家看来，自然是正义之母，平等是正义之德，法律是正义之维，这三者构成了古代自然法学的正义观。古罗马的西塞罗和一些法学家继承和传播了这些思想，形成了西方关于正义的传统渊薮。

在古希腊哲学中，"正义"的最初含义就是公民依法行事。其伦理学尊崇智慧、勇敢、节制和公正为四主德，公正成为处理人际社会问题的基本准则。古希腊的正义观基本上是从探讨人与人的理性关系中得以展开的，它将正义视为一种涉及人的关系的社会美德，而这种美德又是以承认人的差别和不平等为前提的。毕达哥拉斯把公正平等作为其哲学的主要内容，而苏格拉底的道德伦理学理论认为节制和公正（正义）是最重要的美德。一般认为，苏格拉底最早探索"何为正义"问题，将正义问题的讨论从遥远的天神那里拉回到了人间。他对"正义"的定义是"正义是一种品质，是包括给予者本人在内给予每个社会成员应得之本分"①。在他看来，正义不是一种神的意志，而是一种支配人的行为的道德论原则，也就是苏格拉底将正义问题做了一个颠倒——由自然之法变为人类社会的伦理法则。平等是古代自然法学家所追求的正义的表现形式，就是一种美德。在当时西方许多哲学家那里，它是社会的一种德行，是人类在社会中所必须具有的基本的正义品德。这一时期正义的显著特点是在强调人的责任的基础上突出正义的价值导向作用，道德与正义紧密相连，甚至相通。

我们在后文将会探讨到，马克思主义创始人在评价社会进步时往往有两个标准：一个是生产方式标准；另一个是伦理道德标准，后一标准明显地受到自然法正义的影响。在形成唯物史观以后的马克思看来，正义或者公正属于道德的范畴，因而属于上层建筑领域。上层建筑是由经济基础决定的，马克思主义对正义的分析是向经济领域深入的：第一，马克思主义把关于道德问题（包括公正问题）的研究放在唯物史观的基础上，用社会经济关系来说明道德本质，结束了神秘主义、唯心主义和空想主义理论在道德领域的统治，指导人们将公正问题置于社会经济关系中去考虑；第二，马克思主义把唯物辩证法运用于对道德现象的研究，对于研究正义问题具有重要的理论指导意义；第三，马克思主义依据社会发展规律的研究，科学地预见了未来社会

---

① ［美］阿拉斯戴尔·麦金太尔：《谁之正义？何种合理性？》，万俊人等译，当代中国出版社1996年版，第56页。

的道德特征，即真正实现每个人的自由发展，而每个人的自由发展是一切人的自由发展的条件，这一预见无疑为正义的发展指明了方向。显然，马克思继承了自然法关于正义是人的伦理道德追求的思想，但对其进行了历史唯物主义的解释。

再深入地进行梳理，还可以发现古希腊自然法学派的正义促进社会整体发展的思想对马克思主义正义观有着深刻影响。柏拉图在《理想国》中特别提出了公平和正义的问题，强调公平即和谐。柏拉图认为正义应是一种人类美德的道德原则，体现为各占其位，各取其份。对于城邦来说，它具有的美德主要是智慧、勇敢、节制、正义，其中正义起统帅作用，是灵魂。他将正义与城邦整体的生存发展与繁荣联系起来，认为个人必须服从城邦的整体需要。只有每个人按照其禀赋被镶嵌于城邦的相应部位，作为一个有机整体的城邦才能运转良好，才能实现最高的善——正义。在《理想国》中，他从个人正义和城邦正义两方面进行论述。① 柏拉图认为，如果在城邦中每个人都能够各司其职，如果商人、卫士都能够在城邦中发挥其应有的功能，那么城邦就能实现其正义，即他所说的"正义就是每个人在国家内做他自己分内的事"②。如同城邦正义体现的是每个公民的有序组成一样，公民的个人正义也主要是由自身的激情、理性、欲望所构成，个人自身的激情、理性和欲望如果能够得到合理的安排，即为个人正义的实现。柏拉图在他后期所著的《法律篇》中，由于更多地认识到人性中自私和贪婪的成分，他更加强调法律在国家中的作用，认为公民不应该服从于绝对的权力，而是要服从法律的支配，因为只有法律才是国家正义得以实现的根本保证。

伊壁鸠鲁把公平、正义看作是人们彼此约定的产物，把公正、公正观放在互利和约定的关系中，实现了正义在推动社会进步过程中研

---

① ［古希腊］柏拉图：《理想国》，郭斌和、张竹明译，商务印书馆 2002 年版，第 57 页。

② 同上书，第 155 页。

究的转向，并且指出公正不是绝对不变的，而是具有相对性的。从 16
世纪开始，古典自然法开始世俗化。随后的时间里，以洛克、霍布
斯、卢梭和孟德斯鸠等为代表的近代自然法学派先后阐释了新的自然
法正义观，他们的观点在某种程度上应当看成是对伊壁鸠鲁学说的继
承和深化。在他们那里，正义不再仅仅是一种超验观念，而是和"自
由""平等""天赋人权"和"自然权利"等概念联系在一起。它们
对社会幸福的追求都是以承认个体利益的合理性为前提的，强调服务
于全体成员的积极的整体主义。

　　自然法学派中人在社会中的主体地位思想为马克思所继承。在马
克思的博士学位论文中，对伊壁鸠鲁的原子学说进行了阐释。伊壁鸠
鲁的原子论认为原子的重量和偏离所造成的运动既有必然性，又有偶
然性，从而否认了目的论、宿命论、神意，甚至神本身也被当作原子
运动的结果，从而强调人的价值与崇高。在马克思看来，伊壁鸠鲁思
想的基本特征之一就在于追求自我满足和内心平静，崇尚主体的自我
意识。所以，马克思指出伊壁鸠鲁的不朽功绩在于"肯定自我意识的
自由"①，认为人的自由和平等都是建立在人有"自我意识"的基础
上的。这里他借助于伊壁鸠鲁的原子世界进行了相关论述，认为原子
世界中的偏斜运动对于直线运动的矫正，正如同人的自我意识之于人
的思维和实践的否定和扬弃；由于人的自由和平等是普遍存在的，必
然受到"自我意识"的约束和调整；突出强调个体的自由和独立性，
人在社会中的主体地位，强调在对周围现实的关系中个人所具有的独
立地位和基本作用。从马克思对伊壁鸠鲁的自我意识的诠释中，我们
可以推定，为马克思所阐释和认可的伊壁鸠鲁的正义思想也可视为马
克思自己的正义思想。马克思在此文本中的正义思想既接纳了伊壁鸠
鲁哲学对人的崇高地位的确认，又传承了近代哲学对自由、平等的信
奉和追求。马克思后来在批评圣麦克斯对伊壁鸠鲁的无知时，还指
出，"国家起源于人们相互间的契约，……这一观点就是伊壁鸠鲁最

---

① 《马克思恩格斯全集》第 40 卷，人民出版社 1972 年版，第 45 页。

先提出来的"①。在前者，自然法正义观主要体现为理性、神意、善与和谐等；在后者，自然法正义观主要体现为自然权利、天赋人权、自由平等和契约正义等。

但是，马克思超越伊壁鸠鲁之处在于：不仅强调作为主体的人的自由、价值和尊严，而且也重视客体、环境的作用；不满足于单纯对世界的批判，更重要的是在于要改变世界，即怎样使人成为自由的人。马克思的阐释实际上是马克思主义正义观的突破点，既是对古典自然法正义思想的继承，又站在时代的起点上。经过马克思阐释的伊壁鸠鲁的原子学说在其实质上已经蕴含了近代的正义观念——人性、自由、平等无不是正义的内容。在马克思看来，人是历史的创造者，在历史发展中能动地发挥作用，并最终实现人的全面自由发展。主体性意味着主体不是消极地适应社会结构和社会环境，受动于外界的影响和制约，而是积极地参与到社会结构和社会环境中去，以其意志和行为反作用于他人和社会。马克思在《青年在选择职业时的考虑》一文中写道："在选择职业时，我们应该遵循的主要指针是人类的幸福和我们自身的完美。不应认为，这两种利益会彼此敌对、互相冲突，一种利益必须消灭另一种利益；相反，人类的天性本身是这样的：人们只有为同时代人的完美、为他们的幸福而工作，自己才能达到完美。"② 这正是从人的社会价值和自我价值是统一的这一角度讲的。

古希腊自然法学派对正义本原的讨论，丰富了正义观的研究思维。亚里士多德发展了"正义"概念，第一次将正义与法律联系在一起，提出了法律的实际意义应该是促进全邦人民都能进入正义和善德的制度。亚里士多德在《政治学》等书中，认为公平就是公正、平等，强调公正是一切德性的总汇。他在《尼可马克伦理学》中断言，"公正不是德性的一部分，而是整个德性；不公正也不是邪恶的一部

---

① 《马克思恩格斯全集》第 3 卷，人民出版社 1972 年版，第 147 页。
② 《马克思恩格斯全集》第 1 卷，人民出版社 1972 年版，第 459 页。

分，而是整个邪恶"①。亚里士多德继承、发展了柏拉图的正义观，并揭示了正义和法律、正义与道德之间的内在联系。在法律与道德的基础之上，亚里士多德将正义分为普遍正义和特殊正义，普遍正义即行为合法，特殊正义即处事公平。在普遍正义上，"一个违犯法律的人被认为是不正义的。同样明显，守法的人和均等的人是正义的"②。在亚里士多德看来，普遍正义体现了城邦全体成员的共同利益，因此又称政治的正义或城邦的正义，这种正义要求城邦公民行为合法并且合乎道德。在特殊正义上，亚里士多德将其分为两大类：一类体现在合法公民人人有份的东西的分配中，即后人所说的分配的正义；另一类则体现在是非的准则中，即后人所说的矫正性的正义。结合普遍正义和特殊正义，亚里士多德把正义归纳为一种完全的德性，并且认为是在各种德性中是最重要的。通过对正义与法律关系的探讨，最终确立了法律在社会政治和经济生活中的地位，这一论断影响深远，其后大多数思想家都将正义视为法的目的和衡量法律优劣的标准。

马克思显然继承了古典自然法学关于正义的合理成分，但他对正义的事项有自己独到的见解。他对正义的探讨不是从个人本位而是从社会本位出发，认为阶级社会的法律和国家已经背离了其本应代表的社会整体利益。要实现社会整体进步，就要实现国家和法律向社会的回归，谋求大多数人的利益，实现全人类的解放。这种社会学的研究方法是马克思所处时代科学中整体性观点和整体性方法在哲学上的反映。从马克思主义关于世界历史的发展观点来看，通过社会正义体系的变更，即用社会主义的社会正义取代资本主义的社会正义，跳出资本主义的范围实现社会正义，才能真正解决正义问题。

从根本上说，"正义"是一个法的概念或法律概念，是一个与法律和据此法律享有的权利相联系的概念。对他们来说"权利""概

---

① ［古希腊］亚里士多德：《政治学》，汉译世界学术名著丛书，商务印书馆1965年版，第12页。

② 同上书，第15页。

念"和"正义"概念是从法的角度判断法律、社会制度和人类行为的理性标准，而它归根结底是对现实经济关系与评价主体利益之间关系的反映。恩格斯指出："人们往往忘记他们的法权起源于他们的经济生源于动物界一样。随着立法发展为复杂和广泛的整体，出现了新的社会分工的必要性：一个职业法学者阶层形成起来了，同时也就产生了法学。法学在其进一步发展中把各民族和各时代的法权体系互相加以比较，不是把它们视为相应经济关系的反映，而是把它们视为本身包含有自己根据的体系。比较都是以具体某种共同点为前提的：这种共同点表现在法学家把这些法学体系中多少相同的东西统称为自然法权。而衡量什么算自然法权和什么又不算自然法权的标准，则是法权本身最抽象的表现，即公平。"① 法权是现实经济关系的反映，而公平不过是法学家衡量各种法律体系中相同东西的一种尺度，是法权本身一种更为抽象的表现。

通过前述历史追溯，我们可以明确地看出正义思想变迁的历史轨迹：先由天空降到人间，再逐步细化，直接关涉社会秩序、个人内心、伦理道德。可以说，从古希腊开始，正义问题开始正式进入人们的视野中，古希腊的思想家们通过深入地反思和探索，形成了一套颇有见地、价值丰富、影响深远的正义思想，使得"正义"成为人们处理相互关系的重要准则以及人类德性的重要标准。古典自然法正义思想的多种意蕴是在整个西方历史中逐步增添、发展、补充进去的，正义的道德性、正义在社会中的地位、正义与法律的关系等合理内容成为马克思主义正义观的重要组成部分。当然，基于当时的社会历史条件，古希腊自然法的正义思想不可避免地具有局限性。

第二节　德国古典哲学的平等自由观

如果说古典自然法思想主要影响马克思法哲学价值观的话，那

---

① 《马克思恩格斯全集》第 18 卷，人民出版社 1972 年版，第 309—310 页。

么，近代哲理法学派则在法哲学本体论、方法论等方面深刻地渗透在马克思主义法哲学研究过程中，成为马克思法哲学正义观的重要理论来源。德国古典哲学对"平等"和"自由"问题进行了深入讨论，而这一问题也是构成马克思主义正义观的重要基础之一。

近代以来，西方古典自由主义思想家开始从自由、效率和互利出发来为市场经济本身的合理性、合法性和优势进行伦理辩护。正义由古代的强调人的责任转向强调人的权利。他们把正义主要归结为自由、平等和私有财产权等权利的保障，平等与自由是正义价值目标的重要组成部分。平等的实现体现在权利的平等上，权利的平等的实现又体现为自由的平等。自由又必须是平等的自由，因为不平等的自由就不是普遍的自由。同时力图证明市场经济最基本的要素——个人权利尤其是财产权的确立和维系，是有利于社会安定和经济有序发展的，因而是合乎正义的。从洛克、休谟的古典自由主义到罗尔斯、诺齐克、哈耶克的当代自由主义正义理论，一个鲜明的主题就是不遗余力地论证私有财产的神圣不可侵犯，强调人的自由、平等等人权，论证资本主义私有制的正义性。

康德是德国古典哲学的代表人物，也是对马克思思想影响较大的思想家。康德认为："如果公正和正义沉沦，那么人类就再也不值得在这个世界上生活了。"① 康德对正义价值的期盼，喻示了人类对正义的共同期盼。但是康德在讨论正义时，没有局限在传统的平等观，而是把思维延伸到自由领域。他认为自由是天赋的权利，人的意志是绝对自由的。而理性是自由的基础和前提，因为"自由即是理性在任何时候都不为感觉世界的原因所决定"②。因此，他认为正义的基础是人的自由，并且也是不侵犯他人的自由，一旦人的自由受到妨碍，就是不正义的。马克思在早期时候正是继承了这样的思想，强调人的权利

① ［德］康德：《法的形而上学原理》，沈叔平译，商务印书馆1991年版，第165页。
② ［德］康德：《道德形而上学原理》，苗力田译，上海人民出版社1986年版，第107页。

和自由，强烈抨击封建专制制度和资产阶级的法律对人的价值和尊严的践踏。

德国古典哲学的另一位代表人物黑格尔推崇天赋人权和自由平等的思想，他将自由提升到新的高度，并将自由规定为绝对精神的内在本质。他认为，精神作为取得自由的手段，是从属于自由的，自由是精神的唯一真理。按此逻辑，黑格尔认为自由的发展是一个历史过程，因此将整个人类发展的历史看成是自由的发展史，将自由视为能够推动历史前进的动力，正是这一动力，推动着历史车轮不断前进并到达最终的目的地。而且，黑格尔把法律的地位放置在正义思想讨论中一个绝对高度上，指出在私有制的前提下，正义如果仅仅依靠抽象的平等原则是难以为继的。"人们当然是平等的，但他们仅仅作为人，即在他们的占有来源上是平等的。从这个意义上说，每个人必须拥有财产。所以，我们如果要谈平等，所谈的也就是这种平等。但是特殊性的规定，即我占有多少的问题，却不属于这个范围。由此可见，正义要求各人的财产一律平等这种主张是错误的，因为正义所要求的仅仅是各人都应该有财产。"① 黑格尔尽管看到了经济基础的重要性，但其正义观以绝对精神为基础，仍然是一种主观的、非根本的东西。

与之根本不同，马克思对正义的考察有着不同寻常的视角。马克思是最早对自由主义进行彻底批判的思想家。马克思不是要否认自由的价值，而是指出自由的真正意义和它的实现途径。马克思对资本主义的批判特点是不要向后看，去重建前资本主义宗法社会和伦理秩序，而是向前看，去寻找一个既保存个人自由又能超越阶级冲突和对立的和谐社会。马克思并不反对把个人自由的平等理解为正义的核心规范，但他强调消极自由的同时更侧重于强调积极自由。他认为自由不仅是个人的排他权利，是一种消极自由，而且更是人类控制自己生活条件的积极能力，是一种积极自由，而要实现这一目标必须超越人对人的依赖形态和人对物的依赖，从而进入自由的社会形态。

① ［德］黑格尔:《法哲学批判》，商务印书馆1991年版，第115页。

　　马克思的深刻之处不在于空洞地对自由进行论证或者批判，他对正义的寻求就是对资本主义的不人道和剥削的批判，致力于阐明资本对劳动的统治的不合理性、非正义性。在马克思看来，生产资料的私人占有是资本主义社会剥削、压迫、物化、奴役等种种非正义现象的根源，而统治劳动的"资本"本身又以雇佣劳动为前提，"资产阶级生存和统治的根本条件，是财富在私人手里的积累，是资本的形成和增值；资本的条件是雇佣劳动"①，因而是不公平的。马克思认为只有在高度发达的经济基础之上消灭一切非正义的社会现象，追求全人类的彻底解放，才能实现人类社会真正意义上的公正。这样，马克思、恩格斯就为作为"意识"的正义观找到了赖以产生和存在的物质生活基础，他们对德国古典哲学中正义思想的继承表现为对资产阶级正义思想进行的深刻批判。

　　首先，是对正义存在方式的批判。

　　在资产阶级思想家，或者确切说在黑格尔看来，正义是合乎人性的，是引导和提升社会发展的重要因素，并且具有超越社会、历史的永恒价值，因而，推动社会进步的动力就在于倡导正义，推行正义。

　　马克思认为，正义不仅不是自然的，而且不是永恒的。因为正义赖以存在的主客观条件并不是人类的"永恒事实"，而是生产力有所发展但又发展不足的"历史事件"。资产阶级思想家之所以把正义看作人类社会的基础和社会发展的动力，是因为他们漠视物质生产和社会经济制度对政治制度和社会价值观念的决定作用，仅是从抽象的人性论出发，从正义观念出发。这使得现实的人的物质生产关系落在他们的视野之外，而进入他们视野之中的就只是正义观念，因此，历史呈现在他们眼前的就是一幅正义观念的画卷。但对于马克思来说，正义作为一种价值观的要求，是从属于社会经济发展的，社会进步的真正基础并不是正义，而是社会经济的发展。正义就其产生和内容上来说，都是具有从属和派生的意义的。"不是意识决定生活，而是生活

---

①　《马克思恩格斯全集》第 23 卷，人民出版社 1972 年版，第 610 页。

决定意识"①，揭示的就是包括正义在内的社会意识与人的物质生活之间的本质关系。作为对历史上的正义形成的总结，马克思在《资本论》一书中十分中肯地指出："只要与生产方式相适应，相一致，就是正义的；只要与生产方式相矛盾，就是非正义的。"② 显然，这并非马克思对自己的正义标准的论述，而是对历史上的正义观实质的揭示，也是对把正义的价值永恒化和中立化的否定。

其次，是对正义实现方式的批判。

在马克思批判正义存在方式之时，也已经包含了对正义实现方式的批判。马克思与同时代其他思想家的区别并不在于后者诉诸正义概念，而在于马克思抛弃抽象的"正义"概念。相反，正义和公正同样是马克思分析和批判社会现实的基础，区别在于当时的思想家并不认为资本主义生产关系是不公正的，因而需要批判的不是社会制度，而是人们的道德水平。他们的批判停留在社会现象领域，不公正的现象只是由人们的道德问题引起的，解决了道德问题，就会在资本主义的范围内实现社会正义。

然而，马克思主义认为，从世界历史的发展观点来看，通过社会正义体系的变更，用社会主义的社会正义取代资本主义的社会正义，才是正义得以实现的真正进路。这表现在对资本主义社会生产关系的批判上。

马克思的批判则是直接指向资本主义社会的生产关系，指向私有制。马克思认为正义属于道德范畴，因而属于上层建筑领域。上层建筑是由经济基础决定的，正义实现的程度也是由经济基础决定的。所以马克思对正义的分析是从经济领域入手——剩余价值的论证打破了平等交换、私有制合理的神话，揭示了导致不正义结果的源头和过程。在《德法年鉴》中揭示出自由主义正义的基础是市民社会中人与私有财产的密切联系。那么，维系这种联系的东西是什么呢？马克思

---

① 《马克思恩格斯全集》第 46 卷，人民出版社 1979 年版，第 73 页。
② 《马克思恩格斯全集》第 25 卷，人民出版社 1972 年版，第 379 页。

在这里给出了答案，那就是异化劳动。"与其说私有财产表现为外化劳动的根据和原因，还不如说它是外化劳动的结果，正像神原先不是人类理性迷雾的原因，而是人类理性迷雾的结果一样。"① 由此，可以推出自由主义正义是建立在异化劳动的基础上的，关于自由主义正义的问题自然也就成了关于异化劳动的问题。因此，想要解决自由主义正义的问题，首先得解决异化劳动的问题，而异化劳动是人与私有财产在市民社会中的体现。在《德意志意识形态》一书中，马克思开创性地揭示出人和私有财产的关系基础是异化劳动，从根本上指出了自由主义正义的根源是来自人和私有财产的关系即异化劳动。这一独创性的成果同样为马克思继续批判自由主义正义奠定了坚实的基础。马克思认为私有财产和阶级分化不可避免会带来对抗性关系，私有制和阶级的存在必然使正义原则在现实的社会关系中走向自己的反面，而生产资料的公有制能从根本上改变这种对抗性关系。

马克思超越其他思想家之处就在于他坚持了正义的基本原则，但不停留在抽象的概念分析中，而是要从根本上改变导致不正义发生的基础，即消灭私有制、消灭阶级。正是从现实的人和现实的社会关系出发，从人的物质生产实践来寻找正义的根基，马克思深刻批判了资产阶级的"永恒的正义"或"自然的正义"原则，彻底颠覆了西方近代正义观的形而上学的基础。因此，在马克思主义那里，超越了以往对正义或进行价值判断，或进行事实判断的片面理解，把正义看成一个历史范畴。

最后，是对正义内涵的批判。

马克思对正义内涵的批判主要表现在对黑格尔政治理论的批判中，在市民社会和国家、法的关系问题上，不是市民社会决定国家和法，而是国家和法决定市民社会。马克思从异化劳动出发批判资本主义的非正义性。早在还是青年黑格尔派时，马克思就用异化观点批判宗教、批判国家。《黑格尔法哲学批判》指出："政治国家的彼岸存在

---

① 《1844年经济学哲学手稿》，人民出版社2000年版，第61页。

无非就是要确定他们这些特殊领域的异化，君主制是这种异化的完整的表现，共和制则是这种异化在自己领域内的否定。"① 在对黑格尔从抽象的普遍理念规定国家和法的本质思想的批判中，蕴含着这样的正义观念：经济生活是政治生活的基础，国家和法的神圣权利来自世俗社会。因而得出：只有与平等的经济关系相呼应的平等的政治权利，而不是任何形式的等级制和专制才能够体现平等的正义观念。②

马克思对黑格尔法学观的批判继承中，一是把黑格尔颠倒的关于思维与存在的对立统一学说又颠倒过来，并建立在唯物主义的基础上。按照黑格尔的客观唯心主义哲学体系，法是精神的东西，法是自由意志的定在。与之相反，马克思认为法是一种反映经济关系的意志关系。这种法权关系或意志关系的内容是由这种经济关系本身决定的，即不是自由意志决定社会经济而是社会经济决定自由意志。二是马克思站在唯物主义的立场上，批判地吸收了黑格尔从"现有"出发研究法的辩证法哲学研究方法，提出了科学的方法论。黑格尔的法学辩证法思想及其方法论原则，经过马克思的革命性改造，有机融于历史唯物主义法哲学理论体系中，成为实现正义社会的理论依据。

马克思主义认为，"正义"是一个法的概念或法律概念，是对现实经济关系与评价主体利益之间关系的反映。马克思通过揭示政治与经济的内在联系来论证私有制带来的社会分化，以及这一分化在政治上的必然反映，认为只有与平等的经济相呼应的平等的政治权利，而不是任何形式的等级制和专制才能体现出正义。法权是现实经济关系的反映，而公平不过是法学家衡量各种法律体系中相同的东西的一种尺度，是法权本身一种更为抽象的表现。正义的实质性不仅表现为制度和法律的合理性，而且表现为超越政治的、法律的领域而深入社会的、经济的领域。恩格斯指出："人们往往忘记他们的法权起源于他

---

① 《马克思恩格斯全集》第 1 卷，中央编译局，人民出版社 1972 年版，第 411 页。

② 马克思对黑格尔政治理论的批判以及在批判中体现正义思想，魏小萍先生对之有缜密的分析与论证。详见魏小萍《追寻马克思——时代境遇下马克思人类解放理论逻辑的分析与探讨》，人民出版社 2005 年版，第 267—272 页。

们的经济生活条件，正如他们忘记了他们起源于动物界一样。随着立法发展为复杂和广泛的整体，出现了新的社会分工的必要性：一个职业法学者阶层形成起来了，同时也就产生了法学。法学在其进一步发展中把各民族和各时代的法权体系互相加以比较，不是把它们视为相应经济关系的反映，而是把它们视为本身包含有自己根据的体系。比较都是以具有某种共同点为前提的：这种共同点表现在法学家把这些法学体系中一切多少相同的东西统称为自然法权。而衡量什么算自然法权和什么又不算自然法权的标准，则是法权本身最抽象的表现，即公平。"①

第三节　空想社会主义的正义观

空想社会主义流行于 19 世纪的英国和法国。此时，工业革命的蓬勃发展使得社会生产力取得了大幅度的提升，资本主义的社会生产也因此不断地扩大，这为无产阶级登上历史舞台创造了客观的条件。与此同时，资产阶级和无产阶级的矛盾也更加突显，并成为当时社会的主要矛盾。空想社会主义者看到了日益严重的社会矛盾，并在他们的著作中对此进行抨击。其中代表著作有圣西门的《日内瓦书信》、欧文的《新道德世界书》和傅立叶的《文明制度的批判》等著作。这些著作是抨击现存社会的全部基础，为启发工人觉悟提供了宝贵的材料。他们在抨击现实社会的基础上，还对未来的社会进行构想。其中，他们对政治的构想始终根植于正义、和谐与普遍幸福的理想当中，努力追求一种"和谐的正义"的政治秩序。他们对正义与和谐的阐述，虽然有一定的历史局限性，但这些理论和实践为马克思主义正义观提供了正、反两方面的经验。

第一，要求从根本上变革旧的经济政治制度。

他们批判了资本主义及其以前的生产方式，猜测和设想了社会主

---

① 《马克思恩格斯全集》第 2 卷，中央编译局，人民出版社 1995 年版，第 309—310 页。

义和共产主义的经济问题。将研究与评判社会发展与社会生产方式联系起来，不但对于研究人类社会各个发展阶段的物质生产和分配规律有积极意义，而且对于正义问题的研究转向物质生产领域有重要的启发意义。空想社会主义者将批判的矛头指向建立在私有制基础上的封建专制制度和资产阶级政治制度，揭露了资产阶级自由、民主、平等、博爱等意识形态的虚伪性，精心设计了未来理想的政治制度和政治生活。莫尔说："我觉得，任何地方私有制存在，所有的人凭借金钱的价值衡量所有的事物，那么，一个国家就难以有正义和繁荣。"① 又 "如不彻底废除私有制，产品不可能公平分配，人类不可能获得幸福。私有制存在一天，人类中绝大的一部分也是最优秀的一部分将始终背上沉重而甩不掉的贫困灾难的担子"②。欧文则称："目前，私有财产是贫困的唯一根源，由于贫困而在全世界引起各种无法计算的罪行和灾难。它在原则上是那样不合乎正义，如同它在实践上不合乎理性一样。"③ 空想社会主义者对于国体和政体问题、国家职能问题、民主和法治问题以及国家消亡问题都提出了不少有价值的见解。他们并不认为资本主义生产方式是取代封建生产方式的唯一合理、可能、进步的生产方式，也不认为它是人类社会生产方式发展的顶峰。恩格斯指出："在 1816 年，圣西门宣布政治是关于生产的科学，并且预言政治将完全溶化在经济中。如果说经济状况是政治制度的基础这样的认识在这里仅仅以萌芽状态表现出来，那么对人的政治统治应当变成对物的管理和对生产过程的领导这种思想，即最近纷纷议论的废除国家的思想，已经明白地表达出来了。"④

　　第二，关于平等思想提出了一些重要观点。

　　"平等观是各种空想社会主义体系中的一个极为重要的基本观点，平等是一切空想社会主义者的旗帜。空想社会主义史上的平等要求可

---

① ［英］莫尔：《乌托邦》，戴馏龄译，商务印书馆 1982 年版，第 43 页。

② 同上书，第 44 页。

③ ［英］欧文：《欧文选集》第 2 卷，柯象峰等译，商务印书馆 1984 年版，第 13 页。

④ 《马克思恩格斯全集》第 3 卷，中央编译局，人民出版社 1995 年版，第 609 页。

以分为两个时期来叙述：第一个时期的平等观采取了宗教的形式，是以早期基督教的平等为依据的；第二个时期采取了自然权利的形式，是以资产阶级的平等为依据的。"① 在早期空想社会主义者如莫尔、康帕内拉等人的著作中，平等就是一个重要的话题，而后来的空想社会主义者对平等的理解愈益深刻。温斯坦莱将他领导的掘地派称为"真正的平均派"；马布利提出改革土地制度和税制、限制和取消财产继承权以利于恢复平均的思想；巴贝夫的理想制度是"平等共和国"，并且提出了超越资产阶级形式平等的实质平等的要求；而布朗基则明确区分了平等和平均，指出用平均的办法来实现平等是不可能实现的。"还在法国资产阶级革命前夕，空想社会主义者的平等要求就已经越出了启蒙学派的政治视野，已经从政治平等中引申出社会平等的结论。他们对于平等的要求不再限于政治权利，而是扩大到每个人的社会地位。他们认为应当消灭的不仅是阶级特权，而且是阶级差别本身。在法国资产阶级革命爆发以后，空想社会主义者抓住了《人权宣言》，抓住了资产阶级关于平等的言论，用无情的事实揭露了这种权利平等的虚伪性和欺骗性。他们提出，不要纸上的平等，而要真正的平等；不要表面的平等，而要实际的平等。不仅要在国家的领域中实行平等，而且要在社会的、经济的领域中实行平等；不仅要消灭阶级特权，而且要消灭阶级差别。资产阶级的共和国也是不平等的，应当代之以平等的共和国。"②

第三，有些空想社会主义者领导、鼓动或参加了变革社会的实践活动。

空想社会主义有两种不同的类型：第一种类型的主要代表人物包括莫尔、维拉斯、摩莱里、马布利、圣西门、傅立叶和欧文等，从其特点来看是一种理论式的、相对温和的、与革命行动保持一定距离的空想社会主义。这些思想家一方面无情抨击了资本主义社会，设想和

---

① 吴易风：《空想社会主义》，北京出版社 1982 年版，第 13 页。

② 同上书，第 14 页。

描绘了未来社会的概貌，另一方面又一般都否定阶级斗争和实际的革命运动，主张通过理论呼吁、社会实验的示范活动来和平改造社会。这种空想社会主义所表现出的特点与其倡导者的家庭出身、经济地位和生活经历有很大关系，但更重要的是它是尚不成熟的无产阶级及其革命运动的理论表现。

与此相对的第二种类型是以闵采尔、温斯坦莱、巴贝夫、布朗基为代表的空想社会主义，它的特点是不但提出了变革社会的理论和纲领，而且付诸了实践，理论倡导者本人就是社会活动家，是群众运动的组织者和领导者。比如，闵采尔领导了德国农民战争，温斯坦莱是英国资产阶级革命时期最激进的派别——掘地派的领袖之一，巴贝夫组织了平等派运动并为此献出了生命，而布朗基则一生都在为法国的无产阶级革命进行着不屈不挠的努力。正如恩格斯所指出的，"在每一个大的资产阶级运动中，都爆发过作为现代无产阶级的发展程度不同的先驱者的那个阶级的独立运动。例如，德国宗教改革和农民战争时期的再洗礼派和托马斯·闵采尔，英国大革命时期的平等派，法国大革命时期的巴贝夫"①。"巴贝夫的共产主义是从第一次革命时期的民主制度产生的。第二次革命（1830 年革命）却产生了另一种影响更大的共产主义。"② 恩格斯说的"影响更大的共产主义"就是指布朗基的共产主义。③

从前面分析可以看出，空想社会主义者有着巨大理论漏洞，因为他们坚信，只要能从理论上证明一个社会是完美的、正义的，有理性的人就应该毫不犹豫地接受并实现它，却忽视对理想社会实现的道路和条件的考察，最终，空想社会主义者也只是停留在他们幻想的、

①　《马克思恩格斯全集》第 3 卷，中央编译局，人民出版社 1995 年版，第 721 页。

②　同上书，第 579 页。

③　19 世纪法国工人运动中出现的一种空想共产主义和革命冒险主义的思潮和派别，因法国著名革命家布朗基而得名。布朗基主张依靠少数革命家的密谋活动进行暴力革命，推翻资产阶级统治，建立少数人的革命专政，立即实现共产主义。巴黎公社的失败宣告了布朗基主义的破产。

"完美"的乌托邦之中。马克思、恩格斯虽然反对空想社会主义者把道德批判作为变革资本主义制度的手段，但他们并不反对正义的价值理想。相反，在对正义的价值理想的追求上，马克思主义吸收了空想社会主义的合理因素。正义的判断标准、实现条件和道路的历史任务就由马克思、恩格斯来完成。

第二章

马克思主义正义观的基本内容和特点

近现代西方的思想家对人类社会正义理念价值给予了高度的关注，他们确信在文明的成长以及社会的变迁过程中，存在着一个永恒的关于正义的信念，这一信念不论其确实意义如何，它本身属于一种道德价值，是文明社会所崇尚和追求的目标，其最终归属则是最大多数人的最大利益的实现，即近代民主法治的建立。与其他思想家不同，马克思把唯物史观运用于研究人类社会的发展过程，不仅揭示了这一过程的一般规律，而且探讨了正义在不同民族、不同国家的具体的多样化的形态，认为正义是一个历史发展过程。他对正义产生的根源、正义的本质、正义的实现途径作了深刻的分析和设想。马克思站在世界历史的高度，对于正义问题作出了独特的回答。

不可否认，马克思并没有专门论述正义的文章，但在其理论著作中，有很多论著涉及正义问题，然而正是马克思的社会理论才使得他的视野开阔、思想深邃以及形成毫不妥协的批判精神和革命斗志，从而使得他开创了人类正义问题的新视界。

第一节　马克思主义正义观形成的历史背景

马克思主义正义观的理论形成与其所处的时代密不可分。19 世纪是欧洲国家向资本主义过渡的转型时期，是机器代替人力进入生产领域的工业革命时期。在这一时期，生产力大幅度提高，随之，社会的生产关系发生着根本性的变化。在这一时期，贫民逐渐沦为无产阶级，并被迫延长工时以此为资本家赚取更多的剩余价值。在这样的情况下，从 19 世纪 30 年代开始，欧洲各国的工人陆续发动了反抗斗争。工业革命时期的欧洲三大著名工人运动——法国里昂工人运动、英国宪章运动和德国西里西亚纺织工人起义就发生在这样的背景下。三大工人运动表明，无产阶级已经作为独立的政治力量登上历史舞台，开始了同资产阶级的斗争，阶级斗争成为欧洲当时的首要社会矛盾。无产阶级迫切希望用科学理论来解释、理解现实社会中的种种问题。同时，社会的发展，也给予了这种要求实现的客观历史条件。恩格斯指出："在以前的各个时期，对历史的这些动因的探究几乎是不可能的，因为它们和自己的结果的联系是混乱而隐蔽的，在我们今天这个时期，这种联系已经非常简单化了，以致人们有可能揭开这个谜了。"①

马克思始终关注着社会运动的情况，关注工人的社会地位。三大工人运动发生后，马克思意识到工人运动应该更加团结地联合起来争取自己的利益，并且有自己的理论武器。同时，马克思还对工人的现实经济及生产生活状况进行了调查研究，他指出，生产活动方式是人的真正的活动方式，但是对于工人来说却又是外在的、不属于他的、反过来反对他自身的劳动，即异化劳动，而工人的吃喝等最基本的生存活动却成了真正和唯一的自由活动。在根据现实状况对工人进行声援，并且同资本主义进行斗争的同时，马克思不断立足现实斗争和冲突总结理论，并综合总结前人的丰富的理论成果，经过深入的理论研究创造了科学的理论体系。马克思主义正义观便是其理论体系中的重要组成部分。马克思一生的价值追求和实践目标是谋求人类社会真正的正义，正义观在马克思思想中占有重要地位。在西方，自古希腊开始，正义虽然一直是哲学家和思想家们讨论的重点问题，但这些正义观大都带有形而上学和唯心主义的色彩，而马克思的正义思想是以唯物史观为基础，并对资产阶级剥削的实质进行尖锐批判，开启了正义

---

① 《马克思恩格斯全集》第 4 卷，中央编译局，人民出版社 1995 年版，第 249 页。

思想研究史上的新视域。

第二节 马克思主义正义观的发展脉络

马克思、恩格斯对公平正义的论述散见于《黑格尔法哲学批判》《德法年鉴》《1844 年经济学哲学手稿》《德意志意识形态》《资本论》等著作中。

一 《黑格尔法哲学批判》中对正义的反思与批判

在《莱茵报》工作时期，马克思坚信正义的法律是自由和平等的保障，倡导利用法律中的权利来引导穷苦大众维护个人的利益，这就让马克思走上了研究国家和法的道路。他的批判矛头直指黑格尔的《法哲学原理》。

马克思通过批判黑格尔的"国家"理论，重新认识国家与法的本质，反思政治国家的正义。他认为"国家"理论是黑格尔"全部哲学神秘主义之大成"①，黑格尔通过抽象的思辨构建了一个理念世界，理念把自己分成家庭和市民社会这两个理想性领域。这两个有限的领域通过理想性来实现对无限性的超越，为了达到这种目的，这种理想性精神把自己有限的现实材料分配给这两个领域，"对于单个人而言，这种分配就是以情势、任性和本身使命的亲自选择为中介"②。这种观点在马克思看来是与现实颠倒的观点，在这里，"一切通往国家的动力和路径都被切断"③。他认为并不是国家理念生成和连结了家庭和市民社会，而是国家的产生是由于家庭和市民社会发展。"家庭和市民社会本身把自己变成国家，它们才是原动力。可是在黑格尔看来却刚好相反，他们是由现实的理念产生的。"④ 黑格尔把国家的精神理解为

---

① 《马克思恩格斯全集》第 1 卷，中央编译局，人民出版社 1995 年版，第 253 页。
② 同上书，第 249 页。
③ 同上书，第 251 页。
④ 同上书，第 251 页。

真正的、独立的主体，在历史上来看并不奇怪。西方自柏拉图时代以来，理想的社会一直被构想为理想的国家，在其最高形式上，推崇国家通过制定法律实现社会治理。在这样的思维框架之下，正义和法律在社会生活中会具有极其重要的地位和作用，甚至把正义当作公民社会的首要价值或美德。在对黑格尔国家理论的批判中，马克思已经嗅到了政治国家的正义所散发出来的异样气味。

马克思进一步对法的正义进行反思。马克思虽然批判了黑格尔的逻辑神秘主义，但是他接受了关于现代国家的观念，"把市民社会和政治社会的分离看作一种矛盾，这是他较深刻的地方"①。这种分离并不是从来就有的，而是由于"现代国家"概念产生之后才产生的。市民社会是"金钱"标准衡量的社会，而政治国家为了保证权利、实现公平正义必须超越现实利益，超越市民社会。这种超越本身就是对市民社会的脱离。虽然，马克思仍然提倡法之正义要求对立法者超越私人利益，但是，这种构建在市民社会之上的超越并不只是精神的超越和现实的脱离。在这两点反思中，呈现了不可调和的政治国家与市民社会的矛盾，让我们看到当时社会的正义是从政治国家出发来解决市民社会的现实问题。而市民社会越悲惨就越能衬托出正义的美丽幻景。这种思辨的幻景就是自由主义正义的写照，也为批判思辨正义埋下伏笔，或者说，马克思走上了对古典正义观和自由主义正义观的质疑和批判之路。

二　《德法年鉴》所展开的对自由主义正义观的批判

在《黑格尔法哲学批判》中，马克思对自由主义正义观的批判并没有具体展开，但批判已蕴含在市民社会与政治国家二元对立的分析中。在《德法年鉴》时期，马克思展开了对自由主义正义观具体批判，而《论犹太人问题》则更集中体现了这一点。

在《论犹太人人问题》中，马克思主要阐述了三种关系：第一，

---

① 《马克思恩格斯全集》第1卷，中央编译局，人民出版社1995年版，第324页。

宗教与自由的关系。犹太教和基督教本质上都是世俗精神的表达，犹太教在获得自由的能力不一定低于基督教。犹太人感到不自由的深层基础，是世俗生活的中"压迫与被压迫"的二元结构。在这样矛盾之下，犹太人就算放弃自己的宗教也不能获得自由。第二，宗教与国家的关系。解放被宗教束缚的国家，并不能代表实现人从宗教中获得解放，这些外在的解放并不能保证完全剔除个人的宗教信仰。第三，国家与自由的关系。落脚在国家与自由的问题，会发现这两者是市民社会与政治国家二元对立的一个体现，要破除这种二元对立，让人获得真正的自由，不仅要实现宗教解放和政治解放，还要实现人的解放。这三组关系论述，是对自由的不断深入的探讨。马克思认为，"我们不把世俗问题化为神学问题。我们要把神学问题化为世俗问题。相当长时期以来，人们一直在用迷信说明历史，而我们现在是用历史来说明迷信。在我们看来，政治解放对宗教的关系问题已经成了政治解放对人的解放的关系问题"①。政治解放并不能让人摆脱宗教束缚，"人分为公人和私人的这种二重化，宗教从国家向市民社会的转移，这并不是政治解放的一个个别阶段，而是它的完成；因此，政治解放并没有消灭人的实际的宗教观念，而且它也不想消灭这种观念"②。所以，政治解放并不能实现政治国家所倡导的人人平等，依然保留了各种先天赋予和后天获得的特权。只有人类解放才能使人从宗教束缚中解放出来，马克思找到了政治解放和宗教解放的出发点和落脚点都是人，而人则是市民社会中现实的人。

马克思对以上三个问题关系的分析体现了他由神学批判转向了政治经济学批判。这种深刻的认识也体现了他对自由主义正义观的批判。自由主义的正义观是建立在政治国家和市民社会分离前提之下的正义观，因此具有一定先天的局限性。正如马克思所说，"完备的政治国家，按其本质来说，是和人的物质生活相反的一种类生活。物质

---

① 《马克思恩格斯全集》第 3 卷，中央编译局，人民出版社 1995 年版，第 169 页。
② 同上书，第 173 页。

生活这种自私生活的一切前提正是作为市民社会的特性继续存在国家范围以外，存在于市民社会。在政治国家真正发达的地方，人不仅在思想中、在意识中，而且在现实中、在生活中，都过着双重生活——天国的生活和尘世的生活。前一种是政治共同体的生活，在这种共同体中，人把自己看作社会存在物，后一种是市民社会中的生活，在这个社会中，人作为私人进行活动，把别人看作工具，把自己也下降为工具，成为外力随意摆布的玩物"①。所以，自由实际应用就是私有财产这种人权，平等就是这种自由的平等。这样的平等自由往往只能是少数人的平等自由，而这少数的人就是占有大量资本的人。

马克思认为，市民社会由于私有制的前提，导致了个体的原子化和对抗，造成了人社会中的不平等，进而造成了人的异化。所以，从历史角度来看，市民社会中自由主义正义观中主体人由于异化都已经沦为了工具，而自由和平等已经显现出政治国家意识形态的特征。从逻辑推演的角度来看，克服自由主义正义观的局限就要扬弃市民社会的局限性，就要克服人性的丧失和扬弃私有财产，马克思进而认为克服市民社会、实现人类解放的使命落在无产阶级身上。因而，要克服市民社会，超越自由主义正义观，进而实现人类解放，就必须依靠无产阶级。《论犹太人问题》一文，在延续了对近代自由主义正义观批判的同时，也对"人类解放"主题作了进一步探讨。

三　《1844 年经济学哲学手稿》中对正义的批判

前面提到的《黑格尔法哲学批判》和《德法年鉴》分别用隐性与显性两种方式对自由主义正义进行了批判，马克思在这一部《1844年经济学哲学手稿》中，则进一步对自由主义正义进行了批判。

在《1844 年经济学哲学手稿》中，马克思认为，想要解决自由主义正义的问题，首先得解决异化劳动的问题，而异化劳动是人与私有财产在市民社会中的体现。马克思在这里指出，要解决这一系列问

---

① 《马克思恩格斯全集》第 1 卷，中央编译局，人民出版社 1995 年版，第 428 页。

题的根本方法是对私有财产加以扬弃。他提出只有在共产主义的形式下才能最终扬弃私有财产。共产主义是"私有财产即人的自我异化的积极的扬弃，因而是通过人并且为了人面对人的本质的真正占有；因此，它是人向自身、向社会的即合乎人性的人的复归；这种复归是完全的、自觉的和在以往发展的全部财富范围内生成的，这种共产主义，作为完成了的自然主义等于人道主义，而作为完成了的人道主义等于自然主义，他是人和自然界之间、人和人之间的矛盾的真正解决，是存在和本质、对象化和自我确证、自由和必然、个体和类之间斗争的真正解决"①。这句话是《1844年经济学哲学手稿》中最重要的内容，同时也是马克思这一时期对自由主义正义进行批判的最有力的证据。他强调的是只有实现了共产主义，私有财产才能得到积极的扬弃，去除了劳动异化，使人的本质得到重新的复归，解决人与自然以及人与人之间的矛盾；同时私人对财产的占有变为社会对财产的占有，消灭自私的个人观念，消灭人与人之间的对立，解放人的一切感觉和特性，从而实现人的全面发展。

由上我们可以看到，在《1844年经济学哲学手稿》中，马克思对传统的正义观的批判中，不仅继续批判了自由主义正义观，还对古典正义观的现代形式进行批判，实践的观点和唯物史观都露出雏形。马克思在对市民社会解剖的第一次尝试之后，他的认识方法也发生了转向，即走向历史唯物主义。

四　《德意志意识形态》中初步形成唯物主义正义观

在对自由主义正义观和古典正义观进行一系列的批判之后，马克思开始着力认识"正义"本身，在这一时期，发表了一系列的文章：《德意志意识形态》《哲学的贫困》《道德化的批评与批评化的道德》和《共产党宣言》等。在《德意志意识形态》中，马克思的唯物史观初步形成。

---

① 《1844年经济学哲学手稿》，人民出版社2000年版，第61页。

《德意志意识形态》的写作主要是为了批判当时德国社会流行的各种意识形态。通过批判，马克思初步建立了唯物史观，提出了共产主义学说。马克思指出，"从施特劳斯到施蒂纳的整个德国哲学批判都局限于宗教观念的批判。出发点是现实的宗教和真正的神学"①。他清楚地看到，以往德国的批判都只停留在意识层面，根本就没有走出黑格尔哲学体系。在马克思看来，人的本质不是费尔巴哈认为的抽象的类，而是要具体在生产活动中体现。只有在人实践中才能使人自身对象化，从而展现人的本质，如果没有这个过程，人就是同一的抽象的类的存在，而不是真正的个人本质的体现。人的对象化是以劳动生产为前提的，所以就生产经济的、政治的人与人之间的关系。从历史角度看，这些生产关系和政治关系等思维的存在是由劳动生产的反映，而不是大脑的臆想的产物。所以那些抽象思辨最初对现实的脱离，最终也使其不能回到现实。不能成为改造现实的决定力量。这样在自由主义正义观口中说讲的正义，在思辨之中存在和运转的正义，就在认识方法与马克思的方法产生了根本的区别。

在《德意志意识形态》中，马克思开始以实践为出发点，把人置于物质生产活动和交往活动中。他认为人的解放在于人的感性物质生产活动，人类存在是社会历史性的存在，人类真正的社会历史存在是一种物质存在。共产主义的实现也是一种消灭现存状况的现实运动，是作为世界历史的一部分才有可能实现。历史活动无非就是人的实践，人改变了世界，世界也改变了人本身，"历史不外是各个世代的依次交替"②。马克思从社会历史角度去考察了人与自然的关系，这种方法与自由主义正义观是完全不同的，自由主义正义观是把自然作为前提，自然具有非历史的资产阶级意识形态的特点。马克思指出，历史的第一个前提是以一切人类的生存为前提，"历史的发生是物质生

---

① 《马克思恩格斯全集》第 3 卷，中央编译局，人民出版社 1995 年版，第 30 页。

② 同上书，第 40 页。

活资料的生产"①，这里所体现的就是人与自然的现实历史关系。历史还包括人类所需要的物质生活资料的再生产以及人自身的生产。人自身的生产通过劳动实现和成就自我和繁衍后代延续社会，这里体现了自然关系和社会关系。这两种关系的先后形成，就预先规定了后代人的生活条件。所以，资本主义社会条件下人的交往是受制于资本主义生产方式的，这种现实的矛盾是只能靠物质手段来解决的。马克思认为，只要社会中还存在私人利益和公共利益的分裂，只要分工不是出于自愿，那么异化所带来的社会矛盾就不可避免。随着这种矛盾的发展，个人利益和共同利益也演化成了一个阶级反对另一个阶级的社会现状。马克思所描述的自由是消除了强制分工的自由，人们只有在这种自由中才能全面发展，在集体中实现个人的最大价值。由于人与人的对立或者阶级对立而产生和需要消除的"不正义"，在没有消除阶级之前，"不正义"也是不会消失，只会变换形式而已。

在《德意志意识形态》中，马克思还首次提出了"历史向世界历史转变"的命题并进行阐发，论述了近代法律发生的社会条件和发展历程，具有重要的理论意义和立法论价值。其中法律发展中对正义的论述突破了以往思想家关于正义的狭隘论述，在世界历史的视野下着重分析了人的正义的问题。根据社会经济基础的性质决定了上层建筑的性质，经济基础的变革决定了上层建筑的变革这一历史唯物主义的基本原理，正义作为一种社会政治法律制度，属于政治上层建筑的范畴；而作为一种政治法律道德观念，属于思想上层建筑的范畴，两者都是上层建筑的组成部分。正因为这样，所以马克思主义认为，正义的实际表现并不是永恒不变的，而是随着社会经济基础的发展而发展变化的。

五 《反杜林论》中的正义主张

恩格斯在《反杜林论》中，深刻地批判了杜林"按照公理来解

---

① 《马克思恩格斯全集》第 3 卷，中央编译局，人民出版社 1995 年版，第 51 页。

决"的先验主义方法论、"两个人的意志彼此相等"的自然状态学说以及未来社会中"等量劳动相交换"的公平原则，并从历史唯物主义的视角，深入考察了平等、正义等范畴。

杜林对平等、正义等问题的研究，采取的是一种将数学方法运用到社会领域的先验主义方法。杜林认为，在数学等学科领域中存在着一些基本的公理，例如二乘二等于四，三角形三内角的和等于两直角等。他认为，这些是具有永恒性的真理，在社会科学等领域的研究中，也当首先发现这些公理，然后按照这些公理的规定来解决问题。也就是说，"数学方法在历史、道德和法方面的应用，应当在这些领域内使所获结果的真理性也具有数学的确实性，使这些结果具有真正的不变的真理的性质"①。

恩格斯首先从学科分类的角度批判了杜林的这一方法。恩格斯指出，我们可以把整个认识领域分成三大部分：第一部分包括所有研究非生物界的并且或多或少能用数学方法处理的科学，包括数学、天文学、力学、物理学等。在这些领域内，某些公式和规律在其适用范围内，是科学的和正确的。第二部分包括研究活的有机体的科学。在这些领域中，由于相互关系和因果联系极为错综复杂，因此，我们的认识必须随之不断地修正、发展。第三部分是按历史顺序和现今结果来研究人的生活条件、社会关系、法的形式和国家形式的科学，以及由哲学、宗教、艺术等组成的上层建筑的历史科学。在这些领域中，各种情况的变化更加复杂，以至于"情况的重复是例外而不是通例"②，因此，"谁要在这里猎取最后的终极的真理，猎取真正的、根本不变的真理，那么他是不会有什么收获的，除非是一些陈词滥调和老生常谈"③。在数学领域和社会历史领域中，由于研究对象的不同，其研究特点和认识规律也是根本不同的，在前一领域中存在着有效的和具有

---

① 《马克思恩格斯全集》第 3 卷，中央编译局，人民出版社 1995 年版，第 436 页。

② 同上书，第 429 页。

③ 《马克思恩格斯全集》第 1 卷，中央编译局，人民出版社 1995 年版，第 430 页。

真理性的公式，并不意味着在其他领域也能找出类似的公式，不能将数学领域的思维方式原封不动地移植到社会历史领域。所以，杜林的方法不是从客观的物质事实出发，分析概括客观事物的内在规律和本质属性，而是相反，先从客观事物中抽取事物的概念，再反过来把这个概念作为事物的标准，去衡量客观事物。这就完全颠倒了"现实世界"与"世界"的概念之间的关系。恩格斯指出，马克思主义的研究方法要求，一切从客观现实出发，依据世界的本来面目来反映世界。

杜林认为，研究平等和正义问题应当从社会"最简单的要素"开始。在他看来，一个最简单的社会至少要由两个人组成，因此，这两个人就是社会最简单的要素，研究就应当从这里开始。杜林由此得到一条基本的道德公理："两个人的意志彼此完全相等"，这就是平等与"道德上的正义的基本形式"①。

恩格斯指出，杜林从这"两个人"开始的研究，从逻辑上看就是错误的。这"两个人"不是具体的、现实的人，而仅仅是"人"的概念。唯其如此，杜林的论证才能进行下去，也才能得出这条基本的道德公理。按照杜林设定的"两个人的意志彼此完全相等"的公理，"两个人"中的一方决不能向另一方提出任何肯定的要求，如果一方这么做了，并且运用暴力来实现他的要求，那么就违背了平等的公理，非正义、不平等的状态就由此产生。可见，剥削和奴役现象的出现，并不能通过意志是否受到强制来说明。

杜林得出了"两个人的意志相等"这一平等和正义的公理，并根据这一公理勾画了未来社会及其分配方式的蓝图。杜林认为，社会主义不是历史发展和现代经济条件的必然产物，相反，"它是'社会的自然体系'，它植根于'普遍的公平原则之中'"②。社会上实行同等的工资和同等的价格，社会成员之间"即使不造成质量上的消费平

---

① 《马克思恩格斯全集》第 1 卷，中央编译局，人民出版社 1995 年版，第 438 页。

② 《马克思恩格斯全集》第 3 卷，中央编译局，人民出版社 1995 年版，第 435 页。

等，也造成数量上的消费平等"①。如此，"普遍的公平原则"就实现了。

恩格斯指出，在马克思主义看来，生产和分配是两个相互联系、不可分割的环节，其中，生产决定分配，有什么样的生产方式，就会有什么样的分配方式，绝不能脱离生产方式而奢谈分配。"据杜林先生的意见，分配是和生产根本没有联系的，在他看来，分配不是由生产来决定，而是由纯粹的意志行为来决定的——分配是他的'社会炼金术'的再合适不过的用武之地了。"② 马克思主义认为，要想消除资本主义的分配方式，消除社会中日益显明的严重的两极分化现象，只有消灭资本主义制度，代之以社会共同占有生产资料。唯其如此，才能产生新型的分配方式，消除各种分配不公平现象。

恩格斯在批判了杜林的平等、正义观之后，从历史唯物主义出发，考察了平等观念的发展嬗变历程，对平等和正义作出了科学的审视和说明。认为平等观念是一种历史的产物，随着历史条件的变更而不断地改变着自己的样态。因此，平等不是永恒真理，而是依托于生产力发展、生产方式跃迁以及生活条件变革而不断发展的一个具体的、历史的进程。

六　《资本论》中的正义思想

对马克思主义正义观的探讨不可能不去涉及《资本论》和剩余价值学说。《资本论》对古典政治经济学的超越是一种哲学超越，是马克思的新哲学，是马克思主义正义观的科学论证和集中体现。如果说在《德意志意识形态》中历史唯物主义正义观对共产主义正义理想的论证还只是科学假设的话，那么马克思依据唯物主义历史观研究资本主义生产方式，通过对资本主义生产方式历史的追溯、对资本主义生产领域的剖析和剩余价值的发现把正义理论推向深入，资本主义的

---

① 《马克思恩格斯全集》第 3 卷，中央编译局，人民出版社 1995 年版，第 650 页。
② 同上书，第 659 页。

"暂时必然性"和共产主义的历史可能性就得到科学论证。在《资本论》的文本内容和理论逻辑中，马克思主义正义观和正义追求是最深刻、最全面和最详细的论证。《资本论》所带来的政治经济学革命标志着马克思主义正义观的成熟。

马克思通过对资本过程各个环节的分析，揭示了资本主义生产过程就是资本家无偿占有剩余价值的过程——资本主义"正义"现出了它的真面目。剩余价值的形成过程"不外是超过一定点而延长了的价值形成过程。如果价值形成过程只持续到这样一点，即资本所支付的劳动力价值恰好为新的等价物所补偿，那就是单纯的价值形成过程。如果价值形成过程超过这一点而持续下去，那就成为价值增值过程"①。价值形成过程为工人的必要劳动时间，必要劳动时间创造的价值作为工人劳动力价值的补偿，超过一定点的价值增值过程为工人的剩余劳动时间，工人在剩余劳动时间内实现的价值增值被资本家无偿占有。之所以如此，归根结底在于劳动者与生产资料的分离和生产资料的资本主义私有制，所以在市场上完成劳动力的买卖之后，"工人在资本家的监督下劳动，他的劳动属于资本家"②，只能任由其无偿占有自己创造的剩余价值。

对此，恩格斯全面而简明地分析指出，"自从政治经济学提出了劳动是一切财富和一切价值的源泉这个原理以后，就不可避免地产生了一个问题：雇佣工人拿到的不是他的劳动所生产的价值总额，而必须把其中的一部分交给资本家，这一情况怎么能和上面的原理相容呢？不论是资产阶级经济学家或是社会主义者都力图对这个问题作出有科学根据的答复，但都徒劳无功，直到最后才由马克思作出了解答。……这样，给这个资本家做事的工人，不仅在生产着他那由资本家付酬的劳动力的价值，而且除此之外还生产剩余价值，这个剩余价值首先被这个资本家所占有，然后按一定的经济规律在整个资本家阶

---

① 《马克思恩格斯全集》第5卷，中央编译局，人民出版社1995年版，第227页。
② 同上书，第216页。

级中进行分配，构成地租、利润、资本积累的基础，总之，即非劳动阶级所消费或积累的一切财富的基础。这样也就证明了，现代资本家，也像奴隶主或剥削徭役劳动的封建主一样，是靠占有他人无酬劳动发财致富的，而所有这些剥削形式彼此不同的地方只在于占有这种无酬劳动的方式有所不同罢了。这样一来，有产阶级胡说现代社会制度盛行公道、正义、权利平等、义务平等和利益普遍和谐这一类虚伪的空话，就失去了最后的立足之地"①。剩余价值学说触及了资本主义生产过程的实质后，资本主义所标榜的自由、平等、正义的虚伪性昭然若揭。

由于所有制关系最终决定了分配关系，因此，对于无产阶级而言，要想实现分配公正、正义，道路只有一条，那就是用武器将资产阶级财产私有制消灭和埋葬，建立社会主义制度，使所有人共同享受大家创造出来的财富，使社会全体成员得到自由而全面的发展。

七 《国家与革命》中的正义思想

列宁在《国家与革命》的第五章中，对《哥达纲领批判》中所展示出的马克思的正义和平等观进行了细致的评析。列宁这部著作中多次强调，按劳分配应是社会主义阶段公平观念中的正义原则，在这一点上，他与马克思的立场完全相同。并且，在列宁看来，"当生产力发展和生产关系相应改变时，社会财富大增，那么，进入共产主义的高级阶段后，我们的正义原则也将相应改变"②。当阶级和国家消亡，社会进入充分富裕阶段之时，共产主义阶段的"正义原则"将会得以应用。列宁坚信，那时"在历史上，我们第一次能够而且应该按照'各尽所能，按需分配'的箴言来生活"③。

列宁秉承了马克思和恩格斯的公平正义观，主张无产阶级对平等

---

① 《马克思恩格斯全集》第3卷，中央编译局，人民出版社1995年版，第460—461页。
② 《列宁选集》第3卷，中央编译局，人民出版社1995年版，第197页。
③ 同上书，第197页。

的要求应比资产阶级更广泛，除了形式平等以外，实质并且关键性的平等要求就是消灭阶级。列宁认为，只要还生活在阶级社会中，不论公民的自由如何广泛，都不能彻底地实现平等；只有当社会进入共产主义高级阶段时，人民才会迎来真正的平等。

第三节　马克思主义四位一体的正义观

不论是对资产阶级正义观的批判，还是对未来正义社会的设想，马克思主义经典作家始终站在历史唯物主义的立场上，因此马克思主义正义观的突出特点就体现为它的唯物史观视角。对正义的寻求是通过对资本主义的不人道和剥削的批判，致力于阐明生产资料的私人占有是资本主义社会剥削、压迫、物化、奴役等种种非正义现象的根源。马克思主义认为，只有在高度发达的经济基础之上消灭一切非正义的社会现象，追求全人类的彻底解放，实现"自由人联合体"的正义，才是人类社会真正意义上的正义，从而对正义理论作出了独特的贡献。概括来讲，马克思主义正义观形成了四位一体的正义观。

一　自由平等是正义的思想基础和精神内核，即价值正义

马克思认为，正义应当成为工人阶级最为重要的价值观念。他在《国际工人协会成立宣言》中指出，工人阶级的解放要求工人进行兄弟般的合作，要"努力做到使私人关系间应该遵循的那种简单的道德和正义的准则成为各民族之间的关系中的至高无上的准则"[1]。任何正义都不是一种物质形态，而是人们的思想意识形式和道德价值观念。对于马克思来说，正义作为一种价值观的要求，是从属于社会的经济发展的，社会进步的真正基础并不是正义，而是社会经济的发展。作为一种道德价值观念，正义观是人们对现实社会关系包括作为基础的经济关系、政治关系、法律关系的反映，是社会意识形态中的政治和

---

[1] 《马克思恩格斯全集》第3卷，中央编译局，人民出版社1995年版，第607页。

伦理道德观念的组成部分。并强调指出正义与公平只是法权观念和道德观念的抽象表现，单单从此出发是无法说明和批判现存的资本主义制度的。无产阶级的解放事业不是基于某种正义观的实现，而是基于资本主义发展的必然趋势。① 正义属于道德范畴，因而属于上层建筑领域。上层建筑是由经济基础决定的，正义实现的程度也是由经济基础决定的。所以，马克思对正义的分析是从经济领域入手——剩余价值的论证打破了平等交换、私有制合理的神话，揭示了导致不正义结果的源头和过程。

在马克思和恩格斯看来，正义作为人的价值追求，只能在人类的自由与解放中才能获得真实的价值判断。"真正的自由和真正的平等只有在共产主义制度下才能实现，而这样的制度是正义所要求的。"② 也就是说，马克思主义正义观以人类的真正平等和自由为旨归，正义最核心最根本的内涵就是自由平等这种价值。社会发展的基本宗旨是为了人，所以，人人共享、普遍受益是社会发展的终极目标，正义应当成为工人阶级最为重要的价值观念，但只有在共产主义社会才能实现正义，实现人的权利和自由。同时，正义是因时、因地、因人而异的，没有永恒不变的正义。任何正义都是一个历史范畴，由一定经济关系及其所产生的利益所决定。

马克思将自由平等置于极为重要的位置，认为正义的核心目标和根本要求是自由和平等。按马克思主义经典作家的基本观点，"人把自身当作现有的、有生命的类来对待，当作普遍地因而也是自由地存在物来对待"③，"自由确实是人所固有的东西"④。因此，社会实际上是人类为摆脱自然界和人类自身的双重限制，而不断寻求"自由自主活动"的主体自由发展进程，并最终进入每个人都享有平等发展机会的"自由人联合体"。人类历史发展也表明，每一次新制度对旧制度

---

① 《马克思恩格斯全集》第 3 卷，中央编译局，人民出版社 1995 年版，第 113 页。

② 《马克思恩格斯全集》第 1 卷，中央编译局，人民出版社 1995 年版，第 582 页。

③ 《1844 年经济学哲学手稿》，人民出版社 1985 年版，第 52 页。

④ 《马克思恩格斯全集》第 1 卷，中央编译局，人民出版社 1995 年版，第 63 页。

的取代，都使人类获得了更多的"自由自主"活动。然而，不同社会阶级每次具体获得的自由和平等的程度又是不均衡的，在不断走向更高级形式的辩证否定中，"不平等又重新转变为平等"①。因此，作为社会价值尺度的正义，必然表现为对自由和平等的追求。只有到了共产主义社会，消灭了分工、私有制和异化劳动，才能使每个人的自由发展是一切人的自由发展的条件完全变成现实，才能克服自由和平等的悖论，在完全平等中实现自由，在完全自由中实现平等，人类正义理想才最终完成。

二　建立共产主义社会是正义实现的保证，即制度正义

与 18 世纪以前的哲学家重视个人正义不同，马克思十分重视制度正义。当时的思想家并不认为资本主义生产关系是不公正的，因而需要批判的不是社会制度，而是人们的道德水平。他们的批判停留在社会现象领域，鼓吹不公正的现象只是由人们的道德问题引起的，因而能够在资本主义的范围内实现社会正义。然而，马克思主义认为，从世界历史的发展观点来看，通过社会正义体系的变更，用社会主义的社会正义取代资本主义的社会正义，才是正义得以实现的真正进路。这表现在对资本主义社会生产关系的批判上，即对私有制的批判。马克思一生以惊人的毅力写下的辉煌著作，都是从经济上、政治上、文化及意识形态上对资本主义制度所作的深刻而全面的分析，力求在批判旧世界的同时发现新世界，希望建立一种正义合理的社会制度。的确，与个人行为正义相比，制度正义具有优先性和普遍有效性，有着个人德性所无可取代的独特功能。

马克思主义所主张的正义是基于历史唯物主义来考察社会历史的发展，强调以消灭阶级为目标的制度正义在社会正义中的基础地位，使得正义从"形式正义"进入"实质正义"。马克思主义认为，每一个先进的生产方式和社会制度代替落后的生产方式、社会制度都是正

---

① 《马克思恩格斯全集》第 1 卷，中央编译局，人民出版社 1995 年版，第 154 页。

义的，资本主义代替封建主义、共产主义代替资本主义都是正义的。在资本主义社会中造成人的异化的根本原因是资本主义社会赖以成立的私有制关系，而正义社会是私有制被消灭的共产主义社会，共产主义是正义的真正实现，正义是共产主义的首要价值。而共产主义的到来、正义的实现不是口头的阐释从天上掉下来的，必须通过斗争与革命才能实现。马克思指出"哲学家们只是用不同的方式解释世界，而问题在于改变世界"①。因而，推翻现存的资本主义制度，建立共产主义社会，是正义实现的制度保障。

正义问题还可以从经济上的分配公正（这是马克思批判阶级剥削的前提）中加以分析和认识。马克思主义认为，分配公平是整个社会公平的评判标准，它体现着社会财富分配的合理性和平等性，是人们评判社会公平与否及公平程度的直接和主要依据。公平分配的尺度必须是平等的、合理的，这一尺度只能是社会成员的劳动。按劳分配也只有在共产主义社会中才能得以实现。在这里，马克思将"劳动"和"正义"看作同等程度的概念，反对不劳而获，形成了自己独特的包含个人权利和社会权利的正义价值观，立足于生产方式这一唯物主义立场，从而使正义范畴更具有客观性、辩证性和历史性。

三　通过革命实践把正义追求变成现实，即实践正义

与近代思想家们从抽象人性出发的做法不同，马克思坚持从批判、革命、实践的观点和立场出发提出改造旧社会的社会正义理论。在《〈黑格尔法哲学批判〉导言》中，马克思集中表达了自己批判旧世界，并通过革命实践改造旧世界、建设新世界的观点和追求。

实践是马克思主义分析正义问题的首要的基本原则。在马克思主义经典作家看来，正义具有实践性的特定内涵，其本体规定就是人类物质实践的现实运动。物质生产实践是人类社会存在与发展的基础，社会生活本质上是实践的。据此，实践性原则主张，对人类社会发展

---

① 《马克思恩格斯全集》第 4 卷，中央编译局，人民出版社 1964 年版，第 209 页。

及人类正义问题的考察必须从物质实践出发，认为只有立足于物质生产实践，立足于物质生活的生产方式，才能科学地揭示人类的正义追求及各种各样的正义原则、正义观念的起源、变迁、实质及其特点与趋势。物质实践是一种本体规定，离不开现实的人。对人类社会发展及社会正义问题的分析，必须从现实的人及其现实关系出发，而不能从想象的、抽象的、孤立的个人出发。

在马克思看来，正义就其产生和内容上来说，都是具有从属和派生的意义的。"物质生活的生产方式制约着整个社会生活、政治生活和精神生活的过程。不是人们的意识决定人们的存在，相反，是人们的社会存在决定人们的意识"①，这揭示的就是包括正义在内的社会意识与人的物质生活之间的本来关系。作为对历史上的正义形成的总结，马克思在《资本论》中十分中肯地指出："只要与生产方式相适应、相一致，就是正义的；只要与生产方式相矛盾，就是非正义的。"② 显然，这不仅是马克思对自己的正义标准的论述，而且是对历史上的正义实质的揭示，也是对把正义的价值永恒化和中立化的否定。

正是从现实的人和现实的社会关系出发，从人的物质生产实践来寻找正义的根基，马克思深刻批判了资产阶级的"永恒的正义"或"自然的正义"原则，彻底颠覆了西方近代正义观的形而上学的基础。因此，在马克思主义那里，超越了以往对正义或进行价值判断，或进行事实判断的片面理解，把正义看成是一个不断发展历史范畴。正义的本质成为一种在历史运动中符合历史发展趋势，体现人类文明的社会关系，这种社会关系以生产资料的公有制为基础并在社会的经济、政治等方面表现出来。

因此，马克思并不满足于一种理论的提出，他指出"哲学家们只

---

① 《马克思恩格斯全集》第 46 卷，中央编译局，人民出版社 1979 年版，第 73 页。
② 《马克思恩格斯全集》第 25 卷，中央编译局，人民出版社 1972 年版，第 379 页。

是用不同的方式解释世界，而问题在于改变世界"①。马克思对正义的关注不在于建构一种正义的理想状态，而是致力于揭示出一条实现这种正义目标的现实途径——人的自由与解放的现实性途径。他力图通过对现实制度的深层次分析，找到人在现实社会中实现自由与解放的道路。他认为共产主义社会是比一切社会更加正义的社会，实现这样的社会，必须通过无产阶级革命。所以，对于正义的实现，革命是唯一的选择。因而，以革命手段来改变世界是马克思主义正义观的特点之一。社会主义革命和共产主义理想是人类追求正义的一种现实性手段，社会的权利和义务以及利益的分配只能在社会主义社会才能实现。建立的社会主义国家不再是压迫人民的工具，而是他们获得自由、公平、正义的手段。马克思主义正义观以实践为其理论前提，科学解决了主观理性创造与客观历史规律的辩证关系。马克思以唯物史观完成了对资本主义私有制的理论批判，指明了在资本主义条件下改变使人性异化的非人生存境遇的根本方向，即消灭私有制和异化劳动。

四　无产阶级正义目标是实现人的全面自由发展，即人的正义

马克思主义正义观无疑是一种价值意识，其价值取向是无产阶级和劳动人民的利益。换言之，马克思主义站在无产阶级的立场上观察、分析、解决正义问题，在正义的价值基点上以个人作为着眼点、出发点和归宿。正义是人在社会中通过对正义的价值性追求，占有人的本质，生成人的本性的过程。正义作为人的价值追求，只能在人类的自由与解放中才能获得真实的价值判断。每个人的自由发展是一切人的自由发展的条件，明白无误地表达了"每个人的自由发展"对于"一切人的自由发展"的重要性。正是出于这样的价值基点，马克思、恩格斯从"现实中的个人"出发，强调个人与社会在实践基础上形成的辩证统一关系，把正义的主题理解成社会制度的正义而不是个人行

---

① 《马克思恩格斯全集》第 4 卷，中央编译局，人民出版社 1964 年版，第 209 页。

为的正义，认为社会发展的基本宗旨是为了人，人人共享、普遍受益是社会发展的终极目标。他们批判资本主义制度的非正义性，正是因为它使一部分个人处于少数人的压迫和奴役之下，从而失去了个人自由和全面发展的社会条件；他们追求社会主义和共产主义，也正是为了改变这种人压迫人、人奴役人的社会状况，为个人的自由和全面发展提供社会条件。因此，在马克思主义正义观中，对不合理现象的揭示、批判、改造，恰恰是设计正义原则的不二法门。在批判旧社会的过程中发现新社会，在批判非正义的过程中发现正义，在揭示资本主义过程中说明共产主义新人应该具备的品性，是马克思主义正义观最鲜明的价值特点。马克思对正义的关注不在于建构一种正义的理想状态，而是致力于揭示出一条实现这种正义目标的现实途径——人的自由与解放的现实性途径。他力图通过对现实制度的深层次分析，找到人在现实社会中实现自由与解放的道路。也就是说，马克思主义的正义理念的根本目标指向在于人的自由与解放。

从哲学层面看，正义是对人的生存方式以及社会关系是否真、善、美的追问。人的自由全面的发展是正义的核心指向，人能否发展、如何发展是马克思主义正义理论所关注的。马克思主义把正义的最终目标设定为实现人的全面自由的发展，体现了个体的全面自由的发展和集体的发展、个人美德和制度美德的有机统一。恩格斯在《反杜林论》中有过精辟的论述：无产阶级正义的最终目标是实现人的全面自由的发展，是个体的全面自由的发展和集体的发展有机统一；同时，又蕴含了无产阶级正义是个人美德（任何个人都不能把自己在生产劳动所应参加的部分推到别人身上）和制度美德（生产组织给每一个人提供全面发展和表现自己全部能力的机会）的有机统一。[①] 在《1857—1858 年经济学手稿》中，明确把未来社会描绘成建立在个人全面发展和他们共同的社会生产力成为他们的社会财富这一基础上的自由个性的社会，表明人只有在共同体中才能获得个人的自由。这种

---

① 《马克思恩格斯全集》第 20 卷，中央编译局，人民出版社 1972 年版，第 209 页。

理想的正义，就是人的自由而全面的发展。从根本上说，马克思主义正义观是促进人的自由而全面发展的社会变革理论，因而实现人的全面而自由发展，是马克思主义正义观的"终极关怀"。

第四节　马克思主义正义观的价值向度

一　正义是一个社会历史范畴

在马克思、恩格斯那里，正义作为一个社会历史范畴。首先，他们始终从现实的人和现实的社会关系出发，尤其是从现实的社会生产关系或经济关系出发，历史地考察了西方近代正义观念的由来及其发展，并揭露了其"正义"概念的非正义性，指出西方近代正义观念的正义是为资产阶级服务的正义，对于无产阶级而言是绝对的、非彻底的、要在现实中推翻的正义观，并在批判资产阶级正义观的基础上，表达了他们卓越的社会正义思想。作为调节人们社会关系的正义观念，它主要是反映这种现实的具体的生产关系，并最终服从这种关系。从根本上说，不是正义的观念决定人们的社会关系，而是现实生产关系基础上的人们的社会关系，决定社会的正义观念。

正是思考正义的历史性视角，决定马克思主义正义观是一种具有"历史相对性"的正义观，其对资本制度所作的正义辩护与对资本进行道德批判，也正好体现了这一正义观的根本特质。正义原则并不存在于历史之外，只能存在于历史之中，离开历史，对正义原则所作的任何辩护只能是一种无根据的论证，必然导致正义的虚无。因此，人类所面临的现实的不正义必然只能在历史中解决，而人类历史本身就是不断向更高级社会形态前进的过程。马克思主义正义观是建立在唯物史观的基础上，它以科学和价值的双重视角审视着社会，以消灭阶级，消灭剥削，最终用社会主义制度代替资本主义制度作为自己的目标，体现了人类正义的历史要求。

二　正义作为一种观念具有阶级烙印

历史上每一个试图代替统治阶级的阶级，总是会把自己的思想美化为唯一合理，并具有普遍和永恒意义的思想，从而获得人民的支持，推翻原有的统治秩序，确立起与生产力发展水平相适应的社会制度，封建阶级之于奴隶主阶级是如此，资产阶级之于封建阶级亦是如此。马克思指出："希腊人和罗马人的公平观认为奴隶制是公平的，1789 年资产阶级的公平观则要求废除被宣布为不公平的封建制度。"① 这说明，在阶级社会中，占统治地位的正义思想是经济上占统治地位的阶级的利益反映和要求，根本不存在超越阶级的"普世正义"。同时，马克思也指出了资产阶级的正义与之前各统治阶级的正义在其实质上别无二致，但他在某种意义上也承认，资产阶级的正义观具有较大的历史进步性。由于社会阶级利益关系的根本对立性，无产阶级处于被统治的地位，无产阶级要是想解放，唯有通过革命手段，建立"各尽所能，按需分配"的共产主义社会，只有在这样的社会中正义才能真正实现。值得注意的是，马克思这种对待正义的辩证的历史的社会的态度与方法正是我们所要强调和认真领悟的。

三　正义是理想性和现实性的统一

马克思主义认为，在存在着阶级剥削的社会中，经济基础的阶级性决定了正义本身的阶级性，因此，理想的正义必然与消灭阶级的要求相联系。在现实性上，每一个人的特定的社会关系的总和决定列入他们的经济地位、政治立场、思想观念、人生态度各个方面；在理想性上，人之所以为人，就在于在人的内心精神世界中，积淀和凝聚着社会的要求和理想。在马克思主义看来，从来都不存在着离开人现实生活与理想追求的正义，正义原则的前提与根据只能在人类的历史中

---

① 《马克思恩格斯全集》第 18 卷，中央编译局，人民出版社 1972 年版，第 310 页。

寻求，社会主义革命和共产主义理想是人类追求正义的一种现实性手段。因此，马克思主义经典作家所主张的正义强调以消灭阶级为目标的制度正义在社会正义中的基础地位，认为在资本主义社会中造成人的异化的根本原因是资本主义社会赖以成立的私有制关系，而正义社会是私有制被消灭的共产主义社会，共产主义是正义的真正实现。马克思从历史的实践出发，深入资本主义的经济结构中去寻找影响正义与平等的根本原因，将社会制度正义与否的标准奠定在物质实践以及历史发展的双重根基上。马克思主义对人类社会落后与进步的判断和评价，对剥削阶级社会的批判和谴责，对进步社会的追求和向往，都在理论上体现了这种对正义的理解和追求，这就使正义理论更加符合时代要求的社会现实和价值观念，是一种科学理论和强有力的斗争武器。

四　正义的内涵具有多重维度

以往哲学家或思想家，总是囿于理论哲学，将正义理解为一种抽象原则或道德法则，其现实化也完全取决于人们的思维活动或道德说教。马克思主义经典作家对正义的分析与批判显示，正义的内涵并不仅仅是一种抽象原则或道德法则，"平等应当不仅是表面的，不仅在国家的领域中实行，它还应当是实际的，还应当在社会的、经济的领域中实行"①。它涉及正义的基本价值内核，如自由平等；正义的本质构成，如占统治地位的正义思想是经济上占支配地位的阶级的利益反映等；正义的实现途径，如实现共产主义；正义的理想图景，如"各尽所能，按需分配"等多个领域和维度，实现了对以往正义理论的解构与超越。对于马克思主义正义观而言，正义的实质性不仅表现为制度和法律的合理性，而且表现为超越政治的、法律的领域而深入社会的、经济的领域。现时代，马克思主义正义观日益呈现政治哲学和具体社会科学相结合的特征。一方面，哲学

---

① 《马克思恩格斯全集》第3卷，中央编译局，人民出版社1995年版，第448页。

家针对社会现实和基本理论问题建构新的正义理论；另一方面，社会科学家运用这些理论解决本学科的具体问题。这种融合趋势使正义理论既有丰富的社会现实底蕴，又有较高层次的哲学反思，从而体现了现代正义发展的内在联系。

第三章

马克思主义正义观在中国的发展

　　一定时代具有潮流意味的正义观，可以成为驱动该时代精神品格和基本倾向朝先进方向转变的重大力量。马克思主义正义观正是起到了这样的作用，其对中国革命和建设产生了重大影响。对正义的追求是中国人民进行革命、建设、改革的重要目标，也是中国共产党确立领导地位的重要前提。中国共产党的正义观以唯物史观为指导，以维护广大人民群众的根本利益为价值取向，将发展生产力、巩固社会主义制度、解决现实社会矛盾视为公平正义的本质诉求，这也是超越中国历史上公平正义原则的重要标志。

　　自马克思主义传入中国以来，其正义观在中国的发展大致可划分为三个历史阶段。由于中国革命和建设在不同阶段的任务、目标和社会经济发展状况不同，正义内涵表现出不同的侧重点，形成有鲜明时代特色的正义模式和正义话语。

第一节　从纯理论传播到指导民族解放的转向

　　19世纪末，康有为、梁启超、谭嗣同、严复等著名的维新派思想家提出了以"进化论"为中心的改良主义思想。康有为在他的《大同书》中描绘了一种理想社会的进化过程，行发了大同社会的美好愿景，反映出封建没落时期社会对于未来公正秩序的展望。改良主义思想家深刻认识到中国传统社会结构、社会制度的不合理性，希冀通过改良实现社会的进化。以孙中山为代表的资产阶级革命派提出的"三民主义"，表明革命推翻封建政权，大力发展实业；他的资本主义的"平均地权""节制资本"等社会改造思想，反映了他对于公平正义社会的追求。这些社会思潮反映了社会变革打乱了原有的社会结构，道德伦理和社会生活失去准则，公平正义无处安身，引发了人民群众对公平正义社会的强烈愿望，也渴望一种平等、开放的国际关系。但是，资产阶级正义观所推崇的民主、科学理性和自由、人权观念，由于经济形态的发育不充分和政治局面的混乱，使新的正义观并没有能够作为一种生活模式在普通民众中得到贯彻。

随着十月革命的伟大胜利传入中国，马克思主义理论极大地鼓舞了广大有识之士的热切救国之心。李大钊发表了《布尔什维主义的胜利》《我的马克思主义观》等大量宣传十月革命的著名文章和演说，使马克思主义理论和共产主义的社会理想在中国得到了极大传播，引起了中国人民的广泛共鸣。马克思主义理论为苦苦寻求中国出路的青年爱国者提供了新的理论指引，对帝国主义和封建阶级有了本质上的认识，开始了对社会主义的美好追求。自马克思主义传入中国到1949年新中国成立阶段，正义的实现模式可归结为"民族自决，国家独立"。这一阶段的现实国情是中国沦为半殖民地半封建制国家，革命的任务是救亡图存，建立独立自主的民族民主国家。马克思主义正义观一开始就从历史的宏观层面上和救亡图存、实现民族国家独立与复兴的任务联系在一起，并在革命与解放的语境中开始了马克思主义正义观中国化的建构历程。

马克思主义正义观的基本内核是通过革命手段建立共产主义社会，追求全人类的彻底解放，实现人类社会真正意义上的公正，这一内核又是通过对资本主义非人道和剥削的批判而形成的。马克思主义基于对资本主义固有的基本矛盾——生产的社会化与生产资料的私人占有形式之间的不可调和的冲突的历史分析，确证了资本主义制度已日益成为生产力进一步发展和社会历史进步的障碍从而必然灭亡的命运。因此，马克思主义经典作家所主张的正义强调以消灭阶级为目标的制度正义在社会正义中的基础地位，认为在资本主义社会中造成人的异化的根本原因是资本主义社会赖以成立的私有制关系，而正义社会是私有制被消灭的共产主义社会，共产主义是正义的真正实现。马克思认为，正义是人类社会的崇高境界，是社会主义和共产主义的首要价值之所在。"真正的自由和真正的平等只有在共产主义制度下才可能实现；而这样的制度是正义所要求的。"① 但是，共产主义的到来、正义的实现不是口头的阐释从天上掉下来的，必须通过斗争与革命才能实现。马克思指出"哲学家们只是用不同的方式解释世界，而问题在于改变世界"②。因而，推翻现存的资本主义制度，建立共产主义社会，是正义实现的制度保障。马克思主义正义观超越西方传统正义理论之处在于，不再以唯心史观和抽象的人性论为理论基础去讨论正义，而是关注社会生活，从社会生产方式以及实践中去寻求正义，正义走出了书斋而和现实斗争紧密结合。

尤其难能可贵的是，马克思、恩格斯摒弃了欧洲中心主义偏见，对殖民暴行予以痛斥，支持被殖民地人民的反抗斗争，把殖民地人民的武装起义同西方的大革命相提并论。他们认为殖民地的解放，或者通过宗主国内的无产阶级革命，或者通过殖民地各国人民的民族解放斗争，比如，中国人民的自由解放的正义斗争就得到了马克思、恩格斯热情的支持。马克思写道："压抑着的、鸦片战争时燃起的仇英火种，爆发成了任何和平和友好的表示都未能扑灭的愤怒烈火"③，恩格斯指出："这是保卫社稷和家园的战争，这是保存中华民族的人民战争"④，这都指出了中国人民反侵略斗争的正义性。这些都说明马克思、恩格斯密切关注着被压迫民族的解放事业，并努力为此提供理论依据。有学者指出："马克思主义是一种内在的反叛与超越西方近代

① 《马克思恩格斯全集》第3卷，中央编译局，人民出版社1995年版，第443页。
② 《马克思恩格斯全集》第4卷，中央编译局，人民出版社1995年版，第209页。
③ 《马克思恩格斯论中国》，中共中央马克思列宁恩格斯斯大林作译局（编），人民出版社1997年版，第49页。
④ 同上书，第58页。

思想、蕴涵着非西方价值与关怀，并直接指向人类共同未来的现当代思想文化。也正是其面向时代的开放性与深刻的人类性，使得马克思主义成为包括中国在内的东方社会获得现代性身份的思想武器。"①

马克思早、中期把实现共产主义的着眼点放在西欧的资本主义国家，但后来他注意到历史发展进程的复杂性，于是逐渐把视线和研究重点转向了革命方兴未艾的东方国家，从而形成了东方社会理论。东方社会理论的核心是提出了跨越资本主义制度"卡夫丁峡谷"的设想。② 马克思借用这一比喻，是想说明资本主义社会带给人民的是无尽的屈辱和痛苦。马克思的东方社会理论是东方不发达国家不经过资本主义"卡夫丁峡谷"而过渡到社会主义实践的理论渊源，这一理论与中国革命实践结合，形成了毛泽东关于新民主主义的革命理论。马克思还对东方社会的发展前景作出了独特的判断，提出了东方社会可以跨过资本主义的"卡夫丁峡谷"直接进入社会主义的著名论断。这说明，马克思已经清醒地认识到，人类社会的发展是有阶段性的，但社会发展的阶段性并不意味着世界上任何国家的发展都是一样的，都要经历每一相同的阶段。这一论断被中国革命雄辩地给予了证明。

正是上述马克思主义主张革命的理论品质，契合了中国在外有列强入侵、内有封建专制压迫背景下的正义诉求。马克思指出："理论在一个国家的实现程度，总是取决于理论满足这个国家的需要的程度。"③ 马克思主义之所以能够中国化，就是因为中国社会有了这种需要。正如毛泽东指出："马克思列宁主义来到中国之所以发生这样大的作用，是因为中国的社会条件有了这种需要，是因为同中国人民革命的实践发生了联系，是因为被中国人民所掌握了。任何思想，如果

---

① 邹诗鹏：《马克思主义中国化与中国现代性地重建》，《中国社会科学》2005 年第 1 期。

② "卡夫丁峡谷"是古罗马城市附近的一个小峡谷。公元前 321 年第二次萨姆尼特战争时，萨姆尼特人在此击败了罗马军队，并强迫他们背着"牛轭"通过峡谷。这常常被认为是战败者的最大羞辱和痛苦。

③ 《马克思恩格斯全集》第 1 卷，中央编译局，人民出版社 1995 年版，第 11 页。

不和客观的实际的事物相联系，如果没有客观存在的需要，如果不为人民群众所掌握，即使是最好的东西，即使是马克思列宁主义，也是不起作用的。"① 马克思主义之所以能在中国得到广泛传播和运用，就是因为近代中国特殊国情的需要。1840 年鸦片战争后，中国逐步沦为半殖民地半封建社会。中华民族面临着两大历史任务：一是推翻帝国主义、封建主义的压迫，求得民族独立和解放；二是实现国家富强，人民幸福。但是近代以来的种种尝试并未能使中国人民走向国富民强。瑞涅·大卫（Rene David）曾写道："马列主义哲学包含一些与这种传统（中国）哲学相符的成分。……马克思主义思想中预言的共产主义，与中国人心目中的理想社会是很相近的。"② 马克思主义正义理论与中国传统文化的结合，就充分"激活"了传统文化中仍有生命力的内容，为实现马克思主义正义理论的转向奠定了坚实基础。建立社会主义社会的理想和追求民族独立与解放的要求契合，不可避免地从纯理论介绍向关注救亡图存的现实斗争需求转向。所以，在当时传播的众多西方思想中，中国人民在追求民族解放中最终选择了马克思主义作为理论武器，并把马克思主义的阶级斗争主要发生在资产阶级与无产阶级之间的理论发展到西方资本主义（帝国主义）与中国封建主义、压迫民族与被压迫的中华民族、封建地主与人民大众的矛盾的理论，形成以革命为核心观念，以民族解放为主旨的正义话语。

　　1921 年中国共产党的成立，诞生了第一个统一的无产阶级新政党，这是一个代表了最高形式公平正义的政党。中国共产党成立伊始就以反帝反封建为革命纲领，领导工农运动，随后又投身到大革命和抗日战争的洪流中。土地革命和抗日战争两项政治活动使得中国共产党成为举国上下实现民族独立和人民解放的真正希望。中国共产党的早期革命实践展现了它所代表的公平正义面孔，以群众的根本利益为根本，为维护国家的主权和尊严而战斗，对一切压迫和剥削作出了最

---

① 《毛泽东选集》第 4 卷，人民出版社 1991 年版，第 1515 页。

② ［美］泰格·利维：《法律与资本主义的兴起》，学林出版社 1996 年版，第 38 页。

决绝的告别。

此时，革命诉求与马克思主义正义观的平等、自由思想契合，并将个人的平等权、自由权扩展为民族的平等权、自决权和生存权。正义的内容是通过革命推翻帝国主义、封建主义和官僚资本主义，建立新民主主义国家，实现人民解放、国家秩序重建和民族国家独立的基本目标。中国沦为半殖民地的境遇正是国际范围内民族压迫、阶级斗争的结果，而要改变这种不正义的状态，就必须进行革命斗争。在国家主权和国际关系问题上，要实现平等和自由；在民族救亡时代，面临帝国主义的无情侵略，国家的自由与独立上升于首位，因为没有国家的主权和领土完整，个人自由权利便无从谈起。因此，党的领袖毛泽东清醒地提出党"最主要的任务是推翻帝国主义的民族革命"①，要把维护国家和民族利益作为人们正义观念的主要表达形式。"我们中华民族，中国人民，就要……为争取民族和人民的自由与平等而奋斗。"② 以新民主主义革命的胜利为标志完成了国家主权与民族独立的重建，也标志着这一阶段正义理论转向的成功，从而为马克思主义正义观的进一步发展和实践奠定了基础。

第二节　从正义价值宣示到具体正义制度建构的转向

从新中国成立到改革开放，这一时期正义的建构首先是一个政治性任务，即把马克思主义对正义的设想变为现实，通过对经济基础和上层建筑的革命，铲除私有制产生的根源，确立独立自主、人民当家做主的国家制度，并进而实现国家现代化。正义的表征带有浓厚的"义务本位"色彩，形成以集体主义和阶级斗争为核心的正义话语。

第一，马克思通过揭示政治与经济的内在联系来论证私有制带来

---

① 《毛泽东选集》第 2 卷，人民出版社 1991 年版，第 637 页。
② 同上书，第 166 页。

的社会分化，以及这一分化在政治上的必然反映。其认为只有与平等的经济相呼应的平等的政治权利，而不是任何形式的等级制和专制才能体现出正义，立足于历史唯物主义赋予正义以客观性的内涵：正义的实质不仅表现为制度和法律的合理性，而且表现为超越政治的、法律的领域而深入社会的、经济的领域。就马克思东方社会理论而言，同样可以作出重要的正义解读。其所谓"不经受资本主义制度的一切苦难"，实质在于强调，在进入未来社会主义过程中要避免对农民阶级的再度剥削，避免资本主义剩余价值对工人阶级的残酷压榨。同时，由于东方国家的社会主义不是资本主义高度发展的产物，不是在资本主义的生产力和商品经济充分发展基础上产生的，而是在经济文化落后的条件下，通过革命产生的，因此东方国家一旦成功地跨越并实现社会主义以后，由于生产力的发展水平较低，必须把发展生产力当作自己的主要任务。

第二，马克思主义对正义的探讨从社会本位出发，认为阶级社会的法律和国家已经背离了其本应代表的社会整体利益。要实现社会整体进步，就要实现国家和法律向社会的回归，谋求大多数人的利益，实现全人类的解放。这种社会学的研究方法是马克思所处时代科学中整体性观点和整体性方法在哲学上的反映。从马克思主义关于世界历史的发展观点来看，通过社会正义体系的变更，即用社会主义的社会正义取代资本主义的社会正义，跳出在资本主义的范围内实现社会正义，才能真正解决正义问题。马克思主义从经济上、政治上、文化及意识形态上对资本主义制度所作的深刻而全面的分析，力求在批判旧世界的同时发现新世界，希望建立一种正义的社会制度。恩格斯指出："真正的自由和真正的平等只有在共产主义制度下才可能实现，而这样的制度是正义所要求的"，"真正的自由和平等，即共产主义"。[①] 马克思十分重视制度正义，力求在批判旧世界的同时发现新世界，希望建立一种正义的社会制度。与个人行为正义相比，制度正义

---

① 《马克思恩格斯全集》第 3 卷，中央编译局，人民出版社 1995 年版，第 443 页。

具有优先性和普遍有效性，有着个人德性所无可取代的独特功能；建立的社会主义国家不再是压迫人民的工具，而是他们获得自由、公平、正义的手段。

第三，马克思特别指出："正义和劳动自古以来就是唯一的致富手段。"① 在这里马克思将"劳动"和"正义"看作是同等程度的概念，反对不劳而获，形成了自己独特的包含个人权利和社会权利的正义价值观。

新中国的成立，使得上述马克思主义正义观有了实现的舞台。马克思主义正义观在中国的传播过程，既体现在对正义价值的尊崇上，也体现在对追求正义实现的制度保障上；既追求个人的权利保障和自由幸福，但更多的却是希望建立一种能消灭不正义、保障人民永久幸福的制度。因而，社会主义制度的确立，标志着正义保障制度的建立，马克思主义正义观得到切实实践。毛泽东指出："共产党的领导和人民专政的国家权力，就是这样的条件……对于工人阶级、劳动人民和共产党，则不是什么被推翻的问题，而是努力工作，创设条件，使阶级、国家权力和政党很自然地归于消灭，使人类进到大同境域。"② 社会主义制度在中国的确立，为后来中国进一步实现社会的公平正义奠定了根本的制度保障和政治前提。通过在政治、经济、社会上建立人民民主专政制度、人民代表大会制度、民主监督制度、公有制、人民公社制度等社会基本制度，不仅确立了中国人民当家做主的主人翁地位，而且有力地保证了中国人民平等地参政议政、平等地占有和分配社会财富、平等地享有社会地位和权利。中国初步建立了公平正义的社会格局。

从政治层面上讲，马克思主义的正义观，正是从以生产关系为基础的社会制度入手，来阐释"公平正义"的内在含义的。马克思、恩格斯在分析资本主义公平正义思想时，就注意从制度属性上进行历史

---

① 《马克思恩格斯全集》第 2 卷，中央编译局，人民出版社 1995 年版，第 610 页。
② 《毛泽东选集》第 4 卷，人民出版社 1991 年版，第 1468—1469 页。

性的把握。中国建立起社会主义制度，从根本上能消灭剥削、压迫和贫富分化等社会不公正现象滋生的基础。新制度保障了中国穷苦人民作为社会主义新中国的主人，拥有多项政治权利，这对于当时的中国，毫无疑问是实现了最大的正义。建立的人民民主专政，人民享有广泛的政治权利，广大人民群众在历史上首次当家做主，享有广泛的权利，"为人民服务"就是最好的诠释。同时，实行中国共产党领导下多党合作和政治协商的制度、人民代表大会制度。在民族关系上，实行民族平等、民族团结的政策，运用宪法和法律加以确立。通过立法的方式保障民主，公民享有平等的政治地位，依法享有自由、言论、劳动权等基本政治权利。保障人民民主自由权利，是构建公平正义的政治制度的重要组成部分。

尤其值得注意的是，作为最高领袖的毛泽东十分重视维护工农群众的利益。他主张消灭剥削和压迫、消灭一切特权。他的公平正义视野关注的总是工农大众，主张切实解决人民关注的政治、经济、文化等社会问题。毛泽东的群众观奠定了中国共产党始终坚持人民利益是公平正义的价值主体这一价值准则。重视通过社会政策来进行社会整合与调节，消减存在于社会或者社会成员之间的不平等和差异，促进人的全面进步和社会的和谐发展，从而使所有的社会成员都享受到社会发展与进步的成果。尽管这些思想带有平均主义色彩，但通过分配人们各方面的权利和利益，合理控制社会成员的各种差距，初步实现了全社会成员共享社会发展成果。

从经济制度层面讲，建立了以公有制为基础的按劳分配的制度，把马克思的制度正义设计变为现实。早在新中国成立前，毛泽东就指出："老百姓拥护共产党，是因为我们代表了民族与人民的要求。但是，如果我们不能解决经济问题，如果我们不能建立新式工业，如果我们不能发展生产力，老百姓就不一定拥护我们。"[1] 历史和现实都已证明，中国自近代所以屡受国际强权的欺凌，所以难以在国际关系上

---

① 《毛泽东文集》第3卷，人民出版社1996年版，第147页。

伸张公平正义，最主要的原因，还是积贫积弱。要摆脱这样的地位，就必须大力发展经济，这是社会主义超越资本主义的根本，是体现社会主义制度优越性的根本。生产资料的私人所有制变为社会主义公有制，使广大劳动人民成为生产资料的主人，实现生产资料所有权上的公平。"一化三改"把私有经济完全剔除在社会主义制度之外，激发了农民的积极性，保障了当时社会的相对公平，使中国在公平基础上实现经济增长的目标。而且，改变落后面貌的强烈愿望使得经济科技文化的发展权受到空前重视，无论是前期"一五"计划的实施、社会主义建设总路线的提出，还是建设人民公社、提出到20世纪末实现"四个现代化"，都是尽快实现经济发展，使得正义的实现有切实经济保障。经过近20年的建设，到1978年的时候，中国已经成为世界第六大工业国，中国人民集体的生存权、发展权初步实现，中华民族在国际上维护了国家独立和民族尊严。

从文化层面讲，马克思主义正义观与中国的建设实践和传统文化相结合，开始在国民心理扎根并置于本国的文化沃土上，形成中国式的以集体主义为核心的共产主义道德观。中国传统文化讲求"重义轻利"，在战争年代，"重义轻利"强化为爱国主义和集体主义情感，鼓励每个中国人应该以民族大义为先，在必要时牺牲自己，对拯救民族危亡很有意义。新中国成立后，这种道德观念仍然引导着整个社会的价值取向，集体主义的道德约束十分强烈，个人利益几乎完全服从集体利益。社会的共识是，个人利益与共同利益相统一所形成的集体主义是社会主义社会的正义原则，只有在"真实的集体"中，个人才能实现自身的全面发展，"真实的集体"作为全面发展的个人的聚合，又为个人的全面发展创造了条件。换句话说，只有在共同利益中，个人利益才能获得真实地展现。这种正义观和当时高度集权的政治、经济制度以及领袖崇拜和阶级情感等联系在一起，造就了一种极端意义上的集体主义正义理念，某种程度上强化了正义的道德伦理色彩。

不可否认的是，在这一理论的发展过程中，由于受到苏联维辛斯基法哲学思想①的影响，对马克思主义正义观出现僵化教条的理解。例如强调集体主义而忽视个人权利的保护；实质正义始终被放在核心的位置上，程序正义精神则付之阙如；过分重视正义的政治性而忽视正义的普世价值，导致正义的泛政治化；甚或阶级斗争理论不适当地贯彻到法的一切方面和全部过程，不加具体分析地把法说成"阶级矛盾不可调和的产物"，"法的本质是统治阶级意志的表现"，而且把法界定为"阶级斗争的工具"。因而，不可避免地，"阶级性"成为正义价值理论的核心范畴，成为认识正义的唯一视角和超稳定的思维定式，带来了一系列消极影响。

第三节　从对人的阶级性理解到对人的价值性尊崇的转向

从根本意义上讲，人如何得到发展，使马克思主义正义观的最终目的。新时期围绕人的问题，对正义内涵认识不断深化，视域不断扩大，实现了正义的又一次转向。其表征为重视发展经济，尊重人的价值，促进人权保障，正义模式表现为"权力本位"，形成了以经济建设为中心、以促进人的自由全面发展为目标的开放性的正义话语。

人的自由全面的发展是正义的核心指向，人能否发展、如何发展是马克思主义正义理论所关注的。马克思对正义的关注不在于建构一种正义的理想状态，而是致力于揭示出一条实现这种正义目标的现实

①　20 世纪 30 年代维辛斯基这一斯大林时代的官方法学家适应政治斗争的需要，在全苏第一次法学工作者大会是提出一个"标准的""官方的""法"的定义："法是以立法形式规定的表现统治阶级意志的行为规则和为国家政权认可的风俗习惯和公共生活规则的总和，国家为保护、巩固和发展对于统治阶级有利的和惬意的社会关系和社会秩序，以强制力量保证它的实施。"这个后来以维辛斯基命名的定义构成了苏联法学关于法的本体论的核心观点，整个苏联法学理论就建立在这个定义之上。新中国建立之初，我国全盘照搬苏联法学，维辛斯基的法学理论自然成为占主导地位的法学意识形态。20 世纪 60 年代过分强调阶级矛盾和阶级斗争，甚至提出以阶级斗争为纲、无产阶级专政下继续革命，这为维辛斯基法学意识形态提供了进一步的政治和理论支持。

途径——人的自由与解放的现实性途径。马克思对于自由与解放的追求并不是要构想某种超越于现实性条件的正义之境，而是力图通过对现实制度的深层次分析，找到人在现实社会中实现自由与解放的道路。在《1857—1858 年经济学手稿》中，明确把未来社会描绘成建立在个人全面发展和他们共同的社会生产力成为他们的社会财富这一基础上的自由个性的社会，表明人只有在共同体中才能获得个人的自由。这种理想的正义，就是人的自由而全面的发展。从根本上说，马克思主义正义观是促进人的自由而全面发展的社会变革理论，因而实现人的全面而自由发展，是马克思主义正义观的"终极关怀"。

　　基于对马克思主义正义观僵化教条理解后果的反思，人们认识到在建立社会主义制度后，并不必然实现正义。"社会群体鉴别一个政治制度是否合法的依据，是看它的价值取向如何和它们的相吻合。"①只有生产力充分发展了，社会财富极大丰富了，人类才可能获得真正的自由。但是，建立公有制经济只是正义要求的一部分，它本身并不等于平等和自由，它只是为其提供了基础。反过来说，平等和自由是生产方式的指引。正义要求在充分发展经济的基础上尊重人权，保障人权，建立法治国家，建立和谐社会。正义最核心最根本的价值就是自由、平等，它要求弘扬人的自立意识和主体精神。正义不仅把权利作为研究的基石加以阐述和使用，而且把权利本位作为正义理论的底座和基调构建一个新的正义理论体系。在全面推进社会主义现代化建设的新阶段，中国共产党科学把握时代的脉搏，在遵循马克思主义基本原理的基础上，将马克思主义正义观与中国实际紧密结合，确立了以人为本的文化价值取向，为当代中国正义理论的发展指明了前进的方向。

　　值得注意的是，近代以来，尤其五四运动以来，为了救国救民，由于政治、文化、历史与现实等多种复杂的因素，中国传统的正义论

---

　　① ［美］丹尼尔·贝尔：《资本主义文化矛盾》，生活·读书·新知三联书店 1992 年版，第 232 页。

便随着"打倒孔家店"而逐渐淡出人们的视线了。当以罗尔斯为代表的现代西方正义论涌入中国的时候，不论是在学术研究的文本中，还是在政治生活的言论、日常生活的言谈中，中国正义论都成为一个空白。黄玉顺先生指出："这是一种'集体失语'：人们实际上往往只是在那里津津乐道地传达着西方的正义话语，转达着西方的正义理论观念，甚至表达着西方的正义立场。这就造成了一种严重的错觉，似乎中国文化传统从来就不曾有过自己的正义论。"①

为了改变这种局面，郭齐勇和黄玉顺两位先生作出了艰苦的努力。郭先生在《光明日报》的文章中指出，没有抽象的公平正义，任何时空条件下的公平正义都是历史的、具体的。在历史上，儒家的社会理想与制度设计多是针对当世的弊病提出，并用来批评、指导当世的；儒家思想与专制体制是有距离、有张力的。接着，他具体论证了儒家思想有以下四个方面可以作为现代转化的精神资源：首先是"富民"与"均富"论；其次是养老、救济弱者、赈灾与社会保障的制度设计及其落实；再次是平民通过教育因任授官、参与政治的制度安排及作为村社公共生活的庠序乡校；最后是防止公权力滥用的思想。②

郭先生接着发表了一组文章，强调儒家的公平正义思想，可以作为现代转化的精神资源，值得我们珍视与尊重。③ 以此为基础，他进一步从政治哲学的角度，研究了儒家对政治权力的源头、合法性、权力分配与制衡等。他认为，儒家重视社会力量的培植、社会自治、士大夫参政及言路开放，儒家的"道德的政治"就是要坚守政治的应然与正当性。儒家学说中的政治正当性，即认为政治权力之根源在天、天命、天道；之根据，本位在人民；之基础，是广阔的民间社会空间、民间力量及其自治；之指导、参与、监督与言责则在士人。④

---

① 黄玉顺：《中国正义论纲要》，《四川大学学报》2009 年第 5 期。

② 郭齐勇：《儒家的公平正义论》，《光明日报》（理论版）2006 年 2 月 28 日。

③ 郭齐勇：《先秦儒家论公私与正义》，《儒家文化研究》第二辑，生活·读书·新知三联书店 2007 年版，第 53 页。

④ 郭齐勇：《再论儒家的政治哲学及其正义论》，《孔子研究》2010 年第 6 期。

黄玉顺先生先是通过解读《白虎通义》指出，最重要的是它所传达的大汉帝国所赖以制定那些制度规范的一般正义原则，那其实是"古今通义"，因而具有特别重要的现实意义。推而广之，在儒学的现代意义这个问题上，如果说"礼"是具体的、历史的、变动的制度规范，"义"是这些规范赖以确立的不变的正义原则，那么，儒学对于现代制度建设的意义乃在其"义"，不在其"礼"。①

在说明了儒学对于现代制度建设的意义在其背后的正义原则之后，黄玉顺先生进一步就儒学与现代民主的关系问题做了探讨，他认为：中国政治哲学的传统就是"民本"政治。这种传统是由周公奠定基础的。"民本"思想的实质乃是"人民主权"；而不论是我们正在建设的现代民权政治，还是中国历史上的王权政治和皇权政治，都不过是实现这种人民主权的不同方式而已。而此表现形式之变革，又无不基于中国政治哲学传统的正义原则：正当性、适宜性。因此，现代民主应仅仅被视为民本的一种特定表现形式。② 其时，关于探讨当代中国正义问题的探讨日趋活跃并取得大量成果。

事实上，近 30 年来，正义较以前更有了丰富而实在的内涵，正义的社会功用主义色彩日渐浓厚。从政治革命到以人为本，从阶级斗争到和谐社会建设，从集体主义到尊重个人权利，再到确认正义是社会主义的首要价值，这些正义话语的转变，是一种内在的理论转换过程——从对人的阶级性理解到对人的价值性尊崇的转向。人们逐渐适应并推崇一种肯定个体合理利益、提倡市场平等竞争与市场伦理、注重积极的社会和谐与社会公正的新的正义观，这一正义观兼具效益和公平双重价值。这种双重性就决定了当代中国的正义理论应该以现实性问题为基础，从现实与理想相结合、相统一的方向去寻找正义的关节点或纽结。从根本上说，现实与理想相结合的关节点或纽结只能是

---

① 黄玉顺：《大汉帝国的正义观念及其现代启示——〈白虎通义〉之"义"的诠释》，《齐鲁学刊》2008 年第 6 期。

② 黄玉顺：《"民本"的"人民主权"实质及其正义原则—周公政治哲学的解读》，《儒教文化研究》（国际版）第 12 辑，韩国成均馆大学出版部 2009 年版。

人本身，这样就实现了向马克思主义正义观本源意义的回归，并表现出鲜明特点。

一是对正义的理解向多元化方向发展。批判吸收西方资本主义社会的优秀理论成果，既吸取古希腊哲学的综合正义思想，又借鉴近代社会契约论的正义学说，并与马克思主义的最新理论成果尤其是与中国特色社会主义理论结合起来，不再拘泥于马克思主义经典作家的论述，这就使正义理论更加符合现代社会现实和价值观念。如在立法和司法中对"程序正义"的吸收借鉴。在司法实践中，正义的实现尽管涉及体制、法官等因素，但必须以良法为前提，即所执行的法律首先是公正的法律，符合良法标准。若严格遵守的是恶法，看似公正，实则损害一方当事人的利益甚至社会的利益，是对当事人的不公正，也造成社会的不公正。公正的法律秩序是止争定分实现社会和谐的基本要求，而价值缺失的司法解释对法律的保障机能造成严重危害。不顾及价值判断的法律不是健康良好的法律，不能带来社会的真正安全与和谐，最终危及法律的权威。正如博登海默指出的"一个法律制度若不满足正义的要求，那么从长远的角度看，它就无力为政治实体提供秩序与和平"①。正义是法的伦理价值，引导着法的方向，是法治可持续发展的动力，这已经是社会各界达成的共识。正义作为一种社会观念和准则，不仅存在于人们的意识里，还直接体现在法的制度中，影响着法的制定、执行和遵守状况，制约着法的发展演进。一定的正义观是一定时代的基本的思想基础和精神内核，在一定程度上决定并主导着法的状况。在事关公民权利及自由与尊严的法律解释活动中一定要符合法的基本价值，体现公平与正义。否则，会造成主体对法律的不信任、蔑视甚至对法律产生严重的逆反心理，并损害法治的权威。而"小康社会""和谐社会"等蕴含的正义观则更多地带有中国化的特色。

---

① ［美］博登海默：《法理学、法哲学及其方法》，邓正来译，中国政法大学出版社1999年版，第318页。

二是恢复了马克思主义尊重人的主体意识、主体精神的本来面目。在马克思看来，人是历史的创造者，在历史发展中能动地发挥作用，并最终实现人的全面自由发展。主体性意味着主体不是消极地适应社会结构和社会环境，受动于他人的影响和制约，而是积极地参与社会结构和社会环境，以其意志和行为反作用于他人和社会。就正义实现而言，人不是消极被动地就接受命运的主宰，而是要积极地开辟实现正义的途径。正义的核心目标和根本要求是自由和平等。按马克思主义经典作家的基本观点，"人把自身当作现有的、有生命的类来对待，当作普遍的因而也是自由的存在物来对待"①，"自由确实是人所固有的东西"②。因此，社会实际上是人类为摆脱自然界和人类自身的双重限制，而不断寻求"自由自主活动"的主体自由发展进程，并最终进入每个人都享有平等发展机会的"自由人联合体"。人类历史发展也表明，每一次新制度对旧制度的取代，都使人类获得了更多的"自由自主"活动。然而，不同社会阶级每次具体获得的自由和平等的程度又是不均衡的，在不断走向更高级形式的辩证否定中，"不平等又重新转变为平等"③。因此，作为社会价值尺度的正义，必然表现为对自由和平等的追求。只有到了共产主义社会，消灭了分工、私有制和异化劳动，才能使每个人的自由发展是一切人的自由发展的条件完全变成现实，才能克服自由和平等的悖论，在完全平等中实现自由，在完全自由中实现平等，人类正义理想才最终完成。在对正义理解上，从人的阶级性的片面理解向人的社会性把握转向，从漠视人的尊严、人的价值向尊重人的尊严、人的价值发展。如将保护人权、保护公民合法私有财产等载入宪法；以人为本理念的提出，就是基于对人的各种权利的关切和多元的政治要求的满足，达到促进人的全面发展的目标。

---

① 《1844 年经济学哲学手稿》，人民出版社 1985 年版，第 52 页。
② 《马克思恩格斯全集》第 1 卷，中央编译局，人民出版社 1995 年版，第 63 页。
③ 《马克思恩格斯全集》第 3 卷，中央编译局，人民出版社 1995 年版，第 154 页。

三是注重经济正义。近现代以来，经济领域的正义逐渐成为社会正义的主要方面，经济领域日益成为正义实现的一个主要领域，马克思敏锐地看到了这一点。他坚决反对从抽象的正义原则出发，而主张从现实的经济关系出发去说明和批判现存的资本主义制度的不合理性和不正义性。马克思主义认为如果不能实现经济平等，社会主义制度就没有道德合理性、正义性，就不能得到人民群众的拥护。恩格斯指出："无产阶级抓住了资产阶级的话柄：平等应当不仅是表面的，不仅在国家的领域中实行，它还应当是实际的，还应当在社会的、经济的领域中实行。……无产阶级平等要求的实际内容都是消灭阶级的要求。任何超出这个范围的平等要求，都必然要流于荒谬。"[①] 离开了经济平等就不可能理解马克思主义及其正义理论。分配公平成为整个社会公平的评判标准，它体现着社会财富分配的合理性和平等性，是人们评判社会公平与否及公平程度的直接和主要依据。

实施改革开放以来，我国坚持以经济建设为中心不动摇，使得经济社会发生了巨大的变化。在改革开放初期特别形成了"效率优先，兼顾公平"的发展理念。很显然，没有发展，停顿在贫穷和落后状态，自然没有现代意义上的公平正义。随着改革开放的深入，又提出"综合利用多种手段，依法逐步建立以权利公平、机会公平、规则公平、分配公平为主要内容的社会公平保障体系，使全体人民共享改革发展的成果，使全体人民朝着共同富裕的方向稳步前进"[②]。这些科学论述，对于社会主义市场经济下的公平正义问题提出了新的重要看法，突破了计划经济时代仅仅从收入平均化的角度讨论公平正义问题的狭隘视野，丰富了公平正义的理论内涵。人们逐渐适应并推崇一种肯定个体合理利益、提倡市场平等竞争与市场伦理、注重积极的社会和谐与社会公正的新的正义观，这一正义观兼具效益和公平双重

---

① 《马克思恩格斯全集》第3卷，中央编译局，人民出版社1995年版，第443页。

② 胡锦涛：《在省部级主要领导干部构建社会主义和谐社会能力专题研讨班上的讲话》，《人民日报》2005年6月27日。

价值。

四是实行依法治国基本方略，这是社会正义在政治文明领域的巨大进步。法治国家是现代社会的要求，社会主义法治既是社会主义正义观的要求，也是社会主义正义观的体现。依法治国，保证国家的各项工作都依法进行，逐步实现制度化、法律化，使这种制度和法律不因领导人的改变而改变，不因领导人看法和注意力的改变而改变，这就能为社会公平正义提供更好的保障。改革开放以来，经济生活、政治生活、社会生活的法制化得到全社会的充分重视，获得了长足发展，也逐渐提出了由"法制"发展到"法治"的要求。依法治国对于社会主义社会正义的促进作用，鲜明地体现在维护宪法和法律的尊严、维护国家法制统一上。法律的权威在很大程度上体现于法律能够得到真正地、统一地贯彻执行，如果做不到这一点，社会正义也会受到损害。同时，依法治国对于社会主义社会正义的促进作用，突出地体现在对权力的监督法治化上。从决策和执行等环节加强对权力的监督，保证把人民赋予的权力真正用来为人民谋利益。可以说新时期的马克思主义正义理论的发展不仅使马克思主义正义观面貌为之一新，而且还使中国传统文化的精华得到了吸取和继承，完全符合广大人民群众的根本利益。尤其是"以人为本"的正义价值取向是马克思主义正义观与中国文化、中国实践相结合的重要成果，将会对新时期中国社会主义建设起到重要的促进作用。

马克思主义正义观之所以能够实现多重转向，根本原因在于通过中国革命和建设的伟大实践，在"改造人的现存世界"中使得正义得以实现，这是马克思主义正义观在中国得以转向的根本所在。我们有理由相信，马克思主义正义观在中国社会主义建设实践中将得到进一步发展。

第二编

马克思主义正义观与
中国传统正义观之契合

　　正义，作为人类的价值理想和现实生活的规范要求，是人所特有的对自身存在方式和存在意义的反思而在理论上的表现和现实要求，是对人与人之间的社会关系的合理性和合目的性的最高概念表达。马克思主义哲学的诞生，标志着人们对"正义"这一哲学范畴的认识进入了一个新的阶段。马克思主义在中国的逐步传播和发展并逐步实现其理论的中国化，既是由于它所倡导的革命精神能够满足当时中国社会救亡图存的需要，更重要的是它所具有的社会价值观与中国传统文化精神有着深层次的契合之处。

　　契合点之一：中国传统文化中的朴素唯物论和辩证法思想与马克思主义的哲学有相通之处。中国有着源远流长的朴素唯物思想。如《尚书·洪范》中概括出的"五行"论以及它们的相应属性，从战国时期形成的"五行说"到宋明理学，构成了中国传统文化中比较完整的朴素唯物主义思想体系。中国先哲无论是观察自然现象，还是探索人自身的机体活动，都具有多方面的辩证思维方法。如"有无相生，难易相成""一物两体""物必对"等，都闪耀着辩证法思想智慧的光芒。中国古代哲学中的唯物论和辩证法思想，与马克思主义哲学中的唯物论和辩证法思想的相通之处，为中国人接受马克思主义准备了思想条件。

　　契合点之二：大同社会与共产主义的理想有相通之处。中华民族一直追求一种大同社会理想，这一社会理想是建立在以公有制为基础，以人人劳动、平等、友爱、和谐为基础的社会。它与马克思主义主张建立的没有剥削和压迫的共产主义社会不无相通之处。

　　契合点之三：中国传统的价值观与马克思主义的价值观有相通之处。早在先秦时期，诸子百家就纷纷提出各具特色的人生价值学，在其后的发展中形成了以儒家人生价值观为主导的价值观体系，其特点是以群体为本位并着眼于整体利益。这种价值观主张个人利益服从群体利益，同时个人拥有独立人格与高度的社会义务感和历史责任感，这种为社会、为民族和为国家做贡献的思想，不仅对于中华民族的历史发展具有重要价值，而且与社会主义集体主义人生价值观也具有相似、相通之处。

契合点之四：中国传统文化精髓中还有许多与马克思主义的契合之处。如以人为本的传统与马克思主义对人的自由而全面发展的追求，重人轻神的传统与马克思主义的唯物主义无神论思想，民本主义思想与历史唯物主义的人民历史观思想，阶级斗争与"王侯将相宁有种乎"的革命精神，经世致用的实用理性与马克思主义实践观等。

在中国古代，作为一种伦理和政治范畴使用的"正义"概念并不常见，然而，在文明的进程中，人们不可能不对如何分配他们各自在社会当中的地位与利益这样一个基本问题作出回答。其实，儒家学说作为中国历史上具有支配性地位的社会政治思想，其中包含着内容十分丰富而且逻辑结构非常严密的对正义问题的思考。儒家思想以其特有的方式影响着当代的中国，因此儒家思想中对正义问题的思考对当代构建和谐社会中的公平正义理念具有一定的借鉴意义。而道、墨、法等学派的正义观念，构成了中国古典正义观念的主要内容。儒家的道义论正义观念，道家的自然论正义观念，墨家的功利论正义观念，法家的法制论正义观念，使中国古典正义观呈现丰厚的思想底蕴和多彩的精神风貌。

第一章

儒家的正义思想

　　在传统的儒家思想中，"道""仁""礼""义"这些概念是对正义问题探讨的经典理念，儒家正义理论正是建立在这些理念之上，构成了较为完备的正义理论体系。

第一节　正义的原则

一　儒家正义思想的基本原则

　　"道"在儒家思想中是一个相对抽象的概念，指自然与人世的普遍规律。在孔子看来，"道"是客观存在的常则，有"天道"和"人道"（人间之道）之分，且"人道"依于"天道"，但人可以认识它，把握它，却不能违背它。大道是古代中国人对于宇宙法则秩序的价值体验、理解和领悟。因此，《周易》写道："一阴一阳之谓道，继之者善也，成之者性也，仁者见之谓之仁，知者见之谓之知……形而上者谓之道！"这里的"一阴一阳"之道，即由自然之道抽象、升华而来的，是形而上之道、哲学之道。天道作为一种高度概括与抽象的哲学观念既不是客观存在的具体事物及其变化规律，也不是实在的经验及法则与秩序等，而是由经验和具体事物抽象、升华出来的宇宙万物的共同法则与秩序的肯定形式和抽象形式，是超越形器意义上的存在，是组成世界的本体，是驾驭世界的最高真理。因此，中国古人所说的大道，是一种观乎天地，参乎日月，总御世界，统摄一切，弥漫各处，充塞宇宙，化生万物，无形无状的纯粹存在。在大道面前，一切宇宙现象及其具体知识，都将被点化、被融会、被统帅和被消融。这种对宇宙法则和秩序肯定的大道，因本于天、源于天，故被称为"天道"。人道为人生之道，是探索人的生命活动与追求人生完美之道。天道与人道，在古人心目中，是一种完美的结合。因此，传统时代对于天道与人道的思索，大都表现为整体性研究，既难以见到仅考察天道而不谈人道，也不存在只谈人道而放弃对于天道把握的现象。因此，中国古代哲学的主流是坚持在对天道与人道进行整体研究的同时，最终落脚点在于寻找妥善而完美的人道，是将包括人的生命活动和社会生活在内的人道作为主要的研究对象，目的在于指引人们去寻求一种理想的社会生活和高尚的人格与道德，表现为一种浓厚的人生哲学的特点。由此看来，儒家正义理论认为，一个社会能否维系君臣、父子以及相应的一系列礼制规定是一个社会是否有"道"的标志。在《汉书·董仲舒传》中董仲舒说："道之大原出于天，天不变，道亦不变。""知道"，就是对这种普遍规律的理解，自然也包括对于正义观念与正义标准的认识。《中庸》中写道："天命之谓性，率性之谓道，修道之谓教。道也者，不可须臾离也；可离，非道也。"孔子的弟子对他的评价是"志于道"；他在《论语·里仁》中表示："朝闻道，夕死可矣。"以上这些说法表明了"道"这个概念在儒家思想中的重要地位。在儒家看来，任何事物都有它的道：比如说君有君道，臣有臣道，父有父道，子有子道等。这些道是每一种事物得以维持其自身的存在并且体现其基本特性的规定，从而也就成为正义的基本原则。因此，当整个社会都体现了道的要求的时候，这就是一个完全正义的社会。《礼记》中对于大同社会的描述，为此后中国的文人学者提供了一个标准的乌托邦的蓝本："大道之行也，天下为公。选贤与能，讲信修睦。故人不独亲其亲，不独子其子。使老有所终，壮有所用，幼有所长，鳏、寡、孤、独废疾者皆有所养，男有分，女有归。货恶其弃于地也，不必藏于己；力恶其不出于身也，不必为己。

是故谋闭而不兴，盗窃乱贼而不作，故外户而不闭，是谓大同。"儒家学说中"正名"的思想正是"道"的观念在现实生活中的运用。所谓"正名'，就是使每一种事物与行为都符合"道"对它们的规定性，实际上也就是要求它们符合正义的原则。孔子认为，大到治理国家，小到处理家事，"正名"都是一个基本的前提，所以说"必也正名乎"！

二　儒家正义原则的具体建构

儒家认为，规范建构、制度建设的价值根据，乃是某种正义原则。就此而论，中国儒家的理论和西方的正义理论是一致的。不过，究竟如何落实正义原则，儒家却有自己的不同于西方正义论的看法。事实上，儒家有两条正义的具体建构原则：正当性原则、适宜性原则。

正当性原则是一条动机论原则，是说：社会规范及其制度的建构必须是出于仁爱的；否则，这种规范和制度就是不正当的。

"正"是汉语"义"最基本的含义之一，所以孟子在《孟子·离娄（上）》中指出："义，人之正路也。"这条"正路"出于仁爱，正如孟子在《孟子·尽心（上）》中所讲的"居仁由义"。说到这里，我们必须强调指出一点：对于儒家的仁爱观念，人们往往存在着严重的误解。许多人都以为，儒家所说的仁爱不是"博爱"，而仅仅是一种差等之爱，即《孟子·滕文公（上）》中所说的"施由亲始"。有人甚至据此攻击儒家，以为根据这种差等之爱而作出的制度安排，总是根据血缘关系的亲疏而建立的等级制度，因而必然是不公正和不公平的。

但是，仅仅这样理解儒家的仁爱观念是片面的。儒家所说的仁爱还有另外一个方面，叫作"一体之仁"，或者叫作"一视同仁"。如孔子在《论语·颜渊》中说的"己欲立而立人，己欲达而达人"，民"己所不欲，勿施于人"。这已经被世人普遍视为"道德金律"。孟子在《孟子·梁惠王（上）》中也说："老吾老以及人之老，幼吾幼以及人之幼。"儒家认为，这同样是人类情感的实情。所以韩愈在《原道》中也讲"博爱之谓仁"。在这里顺便指出：用儒家的"博爱"这个汉语词语来翻译西方的"fraternity"，这其实是不对的，"fraternity"说的是兄弟情义，犹如孔子在《论语·颜渊》所说的"四海之内皆兄弟也"。但是，在儒家看来，兄弟情义远不是人类仁爱情感的全部。例如，儒家绝不会把父母和子女之间的爱混同于兄弟之间的爱。儒家所说的"博爱"不是"fraternity"，而是真正的"universal love"，这正如王阳明（王守仁）在《大学问》中所说："大人者，以天地万物为一体者也，其视天下犹一家，中国犹一人焉。"

显而易见，儒家正义论的正当性原则的要求乃是：在社会规范建构及其制度安排中，我们必须超越差等之爱，追求一体之仁。这就是说，立法者的动机不应该是任何个人或利益集团的利益，而应该是一视同仁的、公正和公平的考量；否则，其规范和制度就是不正当、不正义的。

因此，尽管建立社会规范和制度的目的确实是调节利益冲突、制定一种利益分配办法，但是，如果一种制度程序的设计仅仅是为了提供一种利益博弈的机制，那么，在儒家看来，它的正当性就是值得怀疑的，是把唯利是图的价值观制度化了。当今世界的人类社会之所以出现种种问题，这种制度化的唯利是图价值观是难辞其咎的。

进一步说，即便一种制度是根据上述正当性原则来建构的，也不意味着这种制度就必定是正义的，因为"正义"不仅意味着"正当"，而且意味着"适宜"，即适应于人们的具体的生活方式，然而人类的生活方式不是一成不变的。例如，中国的汉武帝通过董仲舒等所建立的皇权帝国制度，就与周公"制礼作乐"所建立的王权制度不同；[①] 现代新儒家所主张的现代制度，也与中国古代的制度不同。事实上，从来就没有永恒正义的制度；而且可以预见，将来也不会有什

---

① 黄玉顺：《大汉帝国的正义观念及其现代启示——〈白虎通义〉之"义"的诠释》，《齐鲁学刊》2008 年第 6 期。

么永恒正义的制度。如果说，所谓"普世价值"是说的某种具体的社会制度，那么它就是一个虚妄的概念。没有什么具体制度是普适的，唯有正义原则可以是普适的。

所以，正当性只是制度正义的必要条件，并非充分条件。在儒家看来，仅有正当性原则是不够的，还必须有适宜性原则。这正是汉语"义"的基本含义之一，即《礼记·中庸》中所讲到的"义者，宜也"。如果说正当性原则是一条动机论原则，那么适宜性原则就是一条效果论原则。

事实上，人类历史上曾经存在过的种种基本制度，都曾经或多或少具有适宜性，它们与当时人们的生活方式是密不可分的。不同时代的人类有其不同的生活方式，不同地域、拥有不同文化传统的人们也有其不同的生活方式，因此，他们的社会规范及其制度也是有所不同的。为此，中国的伟大经典《周易》提出了"时宜"和"地宜"的问题①。这就是说，儒家正义论的适宜性原则包含两个方面的准则。

第一，时宜性准则。一个社会共同体的规范与制度的建构，必须适合于该共同体生活方式的时代特征。迄今为止，人类经历了前轴心期的上古时代、轴心时期的社会转型、后轴心期的古代社会、现代的社会转型，其间出现过一系列的社会制度，这些制度各自适应于其历史时代的生活方式。这正如大儒王夫之在《周易外传》中所说的"洪荒无揖让之道，唐虞无吊伐之道，汉唐无今日之道，则今日无他年之道者多矣"。凡是用一个时代的制度作为标准去衡量和否定另一个时代的制度的做法，就显得不合时宜了。

第二，地宜性准则。一个社会共同体的规范与制度的建构，必须适合于该共同体生活方式的地域特征。影响地域特征的因素，最重要的就是该共同体的当下生活环境和历史文化传统。我们不能设想一个游牧民族采取农耕民族的制度，同样不能设想一个农业社会采取工业

---

① 黄玉顺：《制度规范之正当性与适宜性——〈周易〉社会正义思想研究》，《孔子学刊》第二辑，上海古籍出版社 2011 年版。

社会的制度。如果基督教文化传统的族群居然完全采取儒家文化传统族群的制度，那显然是不适宜的；反之亦然。

当然，事情还有另外一面。在这个地球村时代，整个人类社会正在结成一个有史以来最大的、基于全人类某些共同生活方式的全球性共同体，因此，不同族群之间存在着一些共同的现代价值观念，理当寻求一种共同的基本社会规范和基本社会制度，这些规范与制度不仅适用于民族国家内部，而且适用于国际社会。

第二节　正义的基础

"仁"是儒家伦理规范的出发点和归宿。孔子对"仁"有一个非常简洁的解释：仁者"爱人"。孔子认为：统治的哲学虽然可以说是征服的哲学，但是好的统治者决不应该用武力去强迫人民接受他的统治，而应该以爱为武器，用自己的人格之美去征服民心，让人民心悦诚服地追随自己。因此，孔子之"仁"首先是一种人格的力量，一种高尚品德对他人和社会的感化和征服作用。对于"仁"的概念，孟子进行过大量的阐释。他在《孟子·公孙丑（上）》中讲道：人之所以具有"仁"这一特性，是因为人有所谓的"四端"，即"人皆有不忍人之心者，今人乍见孺子将入于井，皆有怵惕恻隐之心。……由是观之，无恻隐之心，非人也；无羞恶之心，非人也；无辞让之心，非人也；无是非之心，非人也。恻隐之心，仁之端也；羞恶之心，义之端也；辞让之心，礼之端也；是非之心，智之端也。人之有是四端也，犹其有四体也"。也可以说，仁体现的是一种人本主义道德政治理念，它不仅体现在人与人的日常交往之中，也是儒家学派竭力推行的政治原则，即所谓的"仁政"。孟子又称之为"不忍人之政"，"先王有不忍人之心，斯有不忍人之政矣。以不忍人之心，行不忍人之政，治天下可运之掌上"。孟子本人就是一位不知疲倦的仁政的鼓吹者。他不仅在任何一个可能的机会提倡仁政的原则，而且还提出了不少实行仁政的具体主张。就孔子和儒家的基本政治理念、信仰和期望而言，他们强调"治国之本在人",并极力主张统治者应施行仁政,期望以其道德理想来转化现实政治,从而实现社会正义。

儒家思想的主题可以说是"学做人"的问题,即杜维明先生所言:"儒家传统的根本关怀就是学习如何成为人。"① 换言之,"人"才是世界问题的总根源。而儒家意义上要做或成为的"人"主要是指富有德性修养的人,即儒家所关怀的是人之道德生命的显现。由此根本关怀推及以言政治,故儒家认为政治的最大问题就是正己以化人的问题,或者说,儒家是以教化或化人为政治的根本功用与目的。在儒家看来,在权威与服从或治者与被治者之间所建立的教化关系,与其说是一种依恃强力或特权的"统治"的关系,毋宁说是一种富有人道色彩的交互性的感化互动关系。这正是"仁"的理念在社会政治生活中的表现,通过施以"仁政"达到教化于民的作用,从而实现社会的和谐与正义。作为社会正义基础的"仁",如何在政治生活中实现其政治目标,儒家伦理则要求是通过圣贤或仁人君子"在其位"而实现的。儒家所谓的圣贤或仁人君子主要是道德人格的典范,其所主张的是一种贤人政治,其正义理念正是通过要求统治者修身并充分发挥自身道德人格的魅力才能来实现的。可以说,儒家贤人政治的主张事实上是要将整个政治生活的根基建立在个人的修身或德性的修养之上。"仁政"在政治统治的治理对象上的表现则是儒家的民本主义思想:关注民生,重视民利,敬畏民力。正如孟子在《孟子·尽心下》中所言:"民为贵,社稷次之,君为轻。"统治者将民众的认同,即道德归化与政治归顺,与统治者为民富有主动精神地尽力服务相联系,那么统治的力量将异常强大。民贵,一方面贵在它是政治权能的依托;另一方面贵在它是构成统治者与被统治者的关联性之基石。因此,民成为政治统治的受制性主体,成为统治者应予认真对待的社会集群。后来,荀子在《荀子·王制》也强调"君者,舟也,庶人者,水也。水则载舟,水则覆舟"。

---

① 杜维明:《东亚价值与多元现代性》,中国社会科学出版社 2001 年版,第 120 页。

　　在孟子强调重民原则的基础上，更进一步从统治的生死存亡前途上确认了民众的"政治地位"。但我们看到在儒家伦理中人民始终处于完全的被统治的地位，因此，这种基于"仁政"基础上的社会正义是为了实现在皇权支配下的社会的长治久安。

第三节　正义的实现方式

一　"礼"是应当遵循的社会规范

　　"礼"是儒家思想中的一个核心范畴，孔子曾经在《论语·尧曰》中说过："不知礼，无以立也。"他认为礼是建立在人的地位与身份划分基础之上的一整套普遍的行为规范，同时也是一种权利与义务的体系；它是道的体现，是"正名"的结果。"礼"所维护的是一种社会、政治乃至经济上的等级制度，但同时又是一个人修身自持的基本原则，因此在《左传·昭公二十五年》中孔子断言："夫礼，天之经也，地之义也，民之行也。"儒家学派认为，"礼"是一个秩序良好的社会不可缺少的基础，正如他在《左传·僖公十一年》中所指出的"礼，国之干也"。礼之所以为礼乃是立身治国、化民导俗的根本，并欲以礼来全面规划和安排人间秩序，故荀子在《荀子·大略》中讲道："礼之于正国家也，如权衡之于轻重也，如绳墨之于曲直也。故人无礼不生，事无礼不成，国家无礼不宁。"孔子终其一生奔走呼号"克己复礼"，虽然以礼为教而全面规划和安排人间秩序有一个逐步实现的过程，但这一直是中国儒士共同的文化理想，也是儒家正义思想的根本性的文化追求。但是，由于礼治秩序乃是一种"共同等级性社会文化秩序的理想"，各阶级、阶层和不同角色的社会成员之间在其中被安排享有既不同而又相互对应的不对称的行为模式，并据此获致各自的认同，因此，人们对这一礼治秩序和共同文化的享有事实上是一种"有差别的共享"。

　　"礼"在维持社会各阶级、阶层和不同成员之间身份地位的等级分化与整合的同时，来实现人们之间交往行为的"礼尚往来"的持续互动与交流，以至于对人们发挥一种"潜移默化的劝服"作用。由此可见，儒家所倡导的以礼的教化为核心的正义思想，以及其等级性的社会和谐秩序的理想，对于维护整个社会的统治秩序、政治结构和文明样式的长期稳定性和悠久连续性，发挥了决定性的影响作用。

在社会规范及其制度问题上，儒家始终认为规范和制度的建构必须遵从正义原则，而正义原则的根据乃是仁爱精神——这就是儒家"仁、义、礼"的正义理论结构。"礼"包含三层含义，即礼义、礼制和礼仪。礼制就是社会规范体系及其制度，诸如伦理规范、政治规范、经济规范、法律规范等及其制度。礼仪只是礼制在仪式上的外在表现形式；而礼义则是礼制内在的价值根据。这就是儒家关于"礼"的"礼义、礼制、礼仪"语义结构。

礼制，亦即社会规范及其制度，是儒家所关心的基本问题。这个道理很简单：任何社会共同体的和谐生存都不能没有秩序；任何个人都必须生活于这种社会秩序之中。所以，孔子在《论语·季氏》中才说："不学礼，无以立。"但是，在这里，需要指出的一点是：人们往往片面地误解了孔子对"礼"或社会制度的看法。固然，任何个人和团体都必须遵从社会规范和制度，所以孔子主张"克己复礼"；但正如我们刚才所提到的，孔子同时指出"礼有损益"，夏、商、周三代的礼制就是不同的，这表明人类的社会制度不是一成不变的。因此，孔子并不是保守主义者，儒家也绝不是"原教旨主义者"。儒家不仅强调社会秩序，而且一向主张社会进步。儒家认为，遵从规范和制度的前提是这种规范和制度本身是正义的。所以，荀子在《荀子·子道》中主张："从道不从君，从义不从父。"儒家所遵从的既不是制度本身，也不是任何权威，而是正义。

二　"义"是实现"礼"的适当方式

在儒家思想中，"义"是一个相对复杂的概念。所谓义，并不是一个单独的德性，而是应当、适宜、合适的行为方式，如《二程集》《四书集注·学而》等儒学著作中所讲的"义，宜也"，"义者，事之宜也"，这里所指的"义"就是说正义是最高的道德原则。而面对必然而有的政治权利分割与各种利益资源的分配，如何达到人们所认可的公平正义呢？这就是儒家正义理论的义利之辩。儒家关于义利关系的论述总是和对天人关系的论述联系在一起的。因此我们可以说，所谓"义"，就是追求天道和实现"天性"的行为，因为只有这样的行为是最应当、最适宜的。而天道是要通过人道来达到的，"天性"也是须经人性才能实现的。因此，人要实现天道，必须从身边的小事做起，而人的一言一行、一举一动无不是迈向天道的一个台阶，因此，通向天道之道就是人道，实现天性之性就是人性。正如孟子所说的"养浩然之气"，就是对追求"义"的一种典型表达。所谓"浩然之气"，实则为人道之极致，以此配天道，才是人的正当行为，即义。

但如何对待义利之辨呢？如何作为才使得利才是符合义的要求呢？儒家正义理论的内在超越性，即在尘世的具体事务中实现超越，使我们认识到此时的义与利并不是一种对立关系，而只是一种从属关系，即利是从属于义并为实现义服务的。其一，利是义的内容。正如孔子在《论语·公冶长》中所讲到的"养民也惠，其使民也义"。意思是要让老百姓得到实惠。孟子将孔子的观点发展成"民本"思想，它是周代"以德配天"思想的进一步发展，维护和增进百姓的利益就和天的要求相一致，是统治者"以德配天"思想的具体表现。孟子对井田制的构想表现的正是一种亲睦的社会人际关系，即一种亲近友善而少对抗和冲突的自然性秩序。这种为增进百姓利益的做法体现的正是利，是义的内容，或者说，利是义的实现方式。其二，利为自然的人所必需，义乃精神的人的属性，义是个人的超越方式，而利则是实现超越的基础。在儒家眼里，人既具有神圣性又具有世俗性，人生活在凡间尘世，基本生理需要的满足是合理的，但满足生理需要并不是人的目的，人生的目的是追求人格的完善、高尚的道德和崇高的境界，最后达到人之德与天之德合一。基于上述理念，儒家一方面肯定人的自然欲望和生理需要的合理性，另一方面又鼓励人们在此基础上实现超越。所以，孟子在《孟子·梁惠王上》提出："是故明君制民之产，必使仰足以事父母，俯足以畜妻子，乐岁终身饱，凶年免于死亡；然后驱而之善，故民之从之也轻。"先让老百姓有基本的物质生活保障，才谈得上从善。董仲舒《春秋繁露·身之养重于义》中也认为："天之生人也，使人生义与利。利以养其体，义以养其心。心不得义不能乐，体不得利不得安。义者心之养也，利者体之养也。体莫贵于心，故养莫重于义。"正是认识到义与利的关系，使人们的行为符合义的要求，才达到了儒家伦理所认可的正义的要求。

两千多年前，孟子也曾面对社会转型、礼崩乐坏、人心不古的同样状况。他在《孟子·梁惠王》中指出："何必曰'利'？亦有仁义而已！"他的意思是：我们并不是要一概反对任何利益追求，而是主张在追求利益时必须以仁义为先导；唯有根据仁爱精神、正义原则，其所获致的利益才是正当的。

儒家正义论是一个源远流长的传统，拥有博大精深的内容，其中既有可以穿透历史时空的仁爱精神和正义原则，也有适应于当时之生活方式的具体社会规范和制度。今天，儒家传统正在复兴，儒家的社会正义论也正在得到重新认识。面对这个"礼崩乐坏"的世界上所出现的种种问题，尤其是价值观问题，儒家正在重新拿出自己的解决方案。

第四节　儒家正义思想的现代观照

人类社会的相对和谐与稳定是社会得以发展的最根本保证。儒家和谐思想适应当时封建统治需要，为中国封建社会稳定发展作出积极贡献。假如抛开时代和阶级的局限性，儒家和谐思想所包含的科学成分和理性部分，为我们今天建设社会主义和谐社会具有十分重要的启示意义。

在儒家思想意识中，有一种平均思想与马克思主义阐述的未来理想社会有一定契合。这种思想表现广泛，源远流长。在春秋战国时期，诸子百家就对其所倡导的平均思想进行了表述。①墨子主张"天下之人皆相爱"，孔子设计了一个财富均平的理想社会："大道之行也，天下为公"，表明以孔子为代表的儒家平均思想对中国人民影响深远。到了近代，民族灾难和人民苦难更加深重，中国人民对大同社会的追求也更加迫切。洪秀全提出"有田同耕，有饭同食"的理想天国；康有为构思出"无家界、无国界、无产界、一切财产归公"的大同社会；孙中山手书"天下为公"以自勉；刘光复明确提出要建立"各取所需，各尽所能"的社会。中国传统文化中的平均思想源远流长，但这种理想追求却只存在于中国人的思想世界里。当马克思主义传入中国后，共产主义理论立即引起中国思想界的高度重视，并在很短时间里得到广泛传播。孙中山在传播马克思主义时，曾将中国传统大同世界与共产主义世界进行类比，认为中国传统文化中大同世界与苏俄基本思想一致。大同世界即所谓"天下为公"，未来的社会目标——共产主义"就是孔子所希望的大同世界"。

对于中国早期马克思主义者来说，大同社会理想同样是其认识世界政治发展和选择、传播马克思主义的文化基础。李大钊认为人类必然统一，而民主主义、联治主义等只是通往世界大同的记号，号召人们一步一步地向前奋斗直到世界大同。毛泽东曾呼吁："大同者，吾人之鹄也。"②将共产主义描述为"公共育儿院、公共蒙养院、公共学校、公共图书馆、公共银行、公共农村、公共工作厂、公共消费社、公共剧院、公共病院"等天下为公的境界。③现时代我国深化改革开放，尤其要重视实现社会公平公正，这正是正义所要求的。

---

① 孔祥文：《国共两党对中华文化的态度及两岸关系的传统文化底蕴》，《天津理工大学学报》2007 第 3 期。

② 徐永新、赵传海：《八十年来中国共产党对传统文化的理论与实践》，《江南社会学院学报》2002 年第 1 期。

③ 张志伟：《"草根文化"优化研究》，西北师范大学出版社 2011 年版，第 99—102 页。

儒家的和谐政治思想虽过分夸大了道德手段的作用，但它以追求政治上的和谐稳定为目标，并围绕这一目标提出许多有价值的观点。儒家"民唯邦本"与构建社会主义和谐社会的政治诉求一致。在任何时代、任何国家，人民群众始终是物质财富和精神财富的创造者、是社会的主体、是社会存在的根本；儒家"民贵君轻""庶人安政"等思想也具有极为重要的现实价值。① 历史发展证明，重民、富民、爱民的执政思想是社会和谐与稳定的基础。我国社会主义事业之所以获得巨大成功，根源就在于党和国家发展社会主义的目标是全心全意为民服务，并实行一系列符合人民利益的政策；儒家正人正己、修己以安百姓、政治清廉、勤政为民的官德建设是我国古代政治文明的精华，也是我国社会主义政治文明和官德建设应汲取的积极因素。在现代化建设中，官风、民风、官德与自律显得尤为重要。② 当政者只有做到先天下之忧、先民众之忧的要求，才能实现国家长治久安的和谐社会目标。

儒家的人际和谐思想对于处理好社会主义现代背景下的人与社会关系也具有重要启示。"和谐社会的核心在于人与人之间的和谐。社会关系的和谐是和谐社会的根本。"③ 儒家主张"仁爱"，人与人之间相亲相爱、互相帮助，要求"推己"首先必须"正己"并在此基础上建立和谐友善的人际关系，通过"亲亲而仁民，仁民而爱物"的广泛思想，完成整个社会的和谐。儒家的这种人际和谐思想在人类社会生活实践中具有求同存异、化解纷争的功能，有利于人与人的友好交往、平等相处；有利于人民群众之间的和平共处、团结一致；有利于各民族、各国家互相了解、相互沟通；有利于社会健康前进、和谐发展。

---

① 陆源辉：《马克思主义与中国传统文化相结合》，《蚌埠党校学报》2008 年第 1 期。

② 孙玉娟、姜涛：《论马克思主义中国化与中国传统文化的变革》，《胜利油田党校学报》2009 年第 2 期。

③ 胡琴、李青篙：《论儒家和谐思想对构建社会主义和谐社会的现代意义》，《经营管理者》2011 年第 24 期。

　　儒家的"天人合一"思想对建立人与自然的和谐关系也具有十分重要的启示。人与自然界的关系，是实现人类社会和谐发展最基本的关系。儒家"天人合一"思想，已认识到人与自然和谐、平衡的重要，认为自然是人生存发展的基础，人要依靠、遵循自然的规律同时不是被动地去适应自然而是要在尊重自然前提下认识自然、利用自然和改造自然。儒家强调"天人合一"的目的在于追求和谐的人与自然共同发展之道，这种理想的和谐之道对于今天重新审视人与自然的关系、牢固树立和认真落实科学发展观具有重要意义。[①] 儒家认为，人与自然的关系不应该是谁战胜谁的关系而应是共同发展的关系。人是自然界的一部分，应该建立人与自然的新型关系——把自然视为人类赖以生存和发展的基础。这使人类认识到在人与自然相互作用而达到危害自身生存的情况下，用自己的眼光来审视自己的活动，认识到只有做到人类与自然界的和谐，才能为人类本身的和谐开辟道路。这些思想为我们构建社会主义和谐社会提供了重要的生态智慧。

　　儒家和谐思想中所包含的身心和谐观念对于当代人的心理调节，实现身心健康具有重要指导意义。儒家身心和谐的思想提倡消除某些压抑人性的因素，培养其关怀健康、追求完美的需求，重视人的身心发展，追求精神价值与物质价值的统一；告诉人们要学会关爱自己，既要实现自己的社会价值，又要维持身心的健康，体现了对生命的重视和对人本身的关怀；要求人们重内轻外、重身而轻物，看轻生死富贵，摆脱官场名利，重视自身的道德修养，保持自我身心内外的一致；提倡"内省""自查""克己"和"反求诸己""养浩然之气"的身心修养方式，提倡人们行善、崇美，脱离只单纯追求物质享受的片面思想。[②] 这些思想，为当代人开阔胸襟、开阔视野、摆脱物欲干扰，确立起正确的人生观、实现身心健康发展具有重要意义。

[①]　吕家麟：《论儒家和谐思想与当代和谐社会的构建》，《湖北社会科学》2008 年第 7 期。

[②]　李欣然：《和谐社会的马克思主义理论渊源》，《哈尔滨市委党校学报》2008 年第 5 期。

第二章

道家的正义思想

　　道家思想的代表人物是老子、庄子，一般认为，道家的正义思想包含个体正义与社会正义两个部分。个体正义指个体在处理个体与外物、个体与他人的关系中应道德地对待自身及公平地对待他人的那种道德态度和行为准则，适用于个体在价值选择、价值冲突环境中的行动。老庄的个体正义思想就是老庄关于个体如何道德地处理个体与外物（物欲、政治权欲、功名等）、个体与他人关系的伦理思想。社会正义指一个社会基本制度及其所含规则和原则的合理性和公正性，表达了人们对社会及其基本的经济制度、政治制度和法律制度的伦理诉求。老庄的社会正义思想就是老庄在行政、经济、生态、邦国关系及文化领域适合人们社会理想的主张和措施。个人正义观是对个人正义问题的回答，即什么是个人善的解答。正义的标尺有三种：一种是以个人需求为出发点；一种是以群体需求为出发点；一种是两者的结合。老庄的正义思想是以个体需求为出发点，但又以不违背人的社会存在为结果的一种正义观。

　　正义是一个关系范畴。人一旦离开了自身及其环境和社会的关系，就无法确立适当的标准。老庄正义思想并不否定人的社会性存在，无论在老子的"小国寡民"的社会设计中，还是在庄子的"建德之世"，个人既是自然的存在，也是社会的存在。不过，老庄的正义思想是把个体的自然存在作为构建正义思想的出发点，而批判把人纳入国家机器体系之中成为专制国家的一个工具的国家本位主义正义观。

第一节　老庄正义思想的立足点

先秦各流派都十分重视对人、对人性的研究，但只有老庄真正关怀个体幸福，这一点被哲学家冯友兰先生特别提到。冯友兰先生在《新理学》中说："道家注重个体，他们不但不说一类事物所必依照之理，似乎对于类亦不注意。"① 冯友兰的学生涂有光指出："老子全书无'理'字（亦无'类'字）。《老子》主张'道法自然'，'自然'意谓自己如此。自己当然是个体自己。自己如此，相当于《庄子》的'万物殊理'（《则阳》）。'万物'是一个一个的个体，'殊理'是各有各的理，即个体自己生存变化之道。"② 人既是个体的存在，又是社会的存在，而在老庄那里，人的个体存在更具有根本性的意义。老庄首先关注的是如何保存个体，求得个体的快乐、幸福。

《庄子·庚桑楚》中有个叫南荣趎的人就提出了一个很有意思的问题："不知乎人谓我朱愚，知乎反愁我身躯。不仁则害人，仁则反愁我身；不义则伤彼，义则反愁我己。我安逃此而可？"其中，"不义则伤彼，义则反愁我己"意指不遵守世俗的正义观，就会伤害到别人；但是遵守世俗的正义观，却会伤害到自身，这也充分反映出了当时人们在正义问题上的困惑与迷茫。这正是当时群体本位主义的世俗正义观在社会实践中遭遇的问题的真实写照。人不但享有尊严，而且人能感受到尊严、人能追求尊严。"个人具有内在的价值，人既是主体，又是客体来讲，价值意味着那些更为可取的东西，所以强迫人们去尊重那些并不是他们所希望的东西，并进而将之规定为权利，这就有可能是矛盾的，甚至是荒谬的。"③ 个人与国家相比，个人是第一位的。个人是比国家更为真实或根本的存在。

---

① 冯友兰：《三松堂全集》第4卷，河南人民出版社1986年版，第90页。

② 陈鼓应主编：《道家文化研究》第一辑，上海古籍出版社2005年版，第31页。

③ ［法］马克·夸克：《合法性与政治》，佟心平、王远飞译，中央文献出版社2008年版，第16页。

　　老庄道法自然的正义本体论，预设了正义的形式格式。至于内容，老子和庄子除了"顺其自然"以外，不以任何方式来决定，这样，既杜绝了任意武断的评判标准，又开放地包容每一个个体。依据它，在正义与非义之间作出分辨，完全颠覆了传统的正义观理论。"顺其自然"在老庄个体正义观上的诠释就是"自适其适"。

　　老庄正义思想的个人本位意味着老庄把正义问题化为个人善的追求问题，对生命和自由的关切超过了其他任何东西。老庄"自适其适"是对个人的生命与自由追求的公开表达，老庄把个体内在追求的满足作为判定个人正义和社会正义的根本尺度，认为个体善是真正的善，是实际占有的善。这就意味着，群体善在庄子那里是外在善，不是实际占有的善。老庄的原初状态学说表明，人生而自由平等，当强权出现建立王权专制后，作为统治阶级的强者对弱者强行要求个体全部归顺于专制王权。在专制王权之下，不允许自由独立的个体存在。中国没有出现过雅典式的民主政治，也没有诞生过古罗马式的贵族院统治。从这一意义上说，只要完全归顺王权，就没有个体自我。人们所赞赏的仁、义、礼、制这些温情脉脉的东西，是一种思想上对个体的控制和奴役，削弱个体的认识能力和反抗能力，只会加深对个体的剥夺，那些道德说教并不具有"真"的意义。庄子由此启发了我们必须批判性地思考那些主张社群本位正义观的意识形态的本质序幕，启动了同时代人以个人本位代替社群本位的新思维，启迪着世人对个体的肯定。德国哲学家康德曾说，"你的行为举止应该是这样：无论是你自己，还是在任何其他一个人，你都应将人类看作是目的，而永远不要看作是手段"。政治哲学家哈耶克继承了康德的思想，他指出，"所谓正义，始终意味着某个人或某些人应当或不应当采取某种行动；而这种所谓的'应当'，反过来又预设了对某些规则的承认：这些规则界定了一系列情势，而在这些情势中，某种特定的行为是被禁止的，或者是被要求采取的"①。

----

①　[英]弗里德利希·冯·哈耶克：《法律、立法与自由》（第二、三卷），邓正来等译，中国大百科全书出版社 2000 年版，第 52 页。

个人善和幸福成为正义问题的根本，成为构造老庄整个学说体系的起点与归宿。老庄强调人听从自己本性——自然性，与儒家、墨家、法家强调服从人的社会身份和政治身份不同，与对强调个人的自由和个性解放的热烈追求分不开。

老庄主张个体自由地选择生活方式，个体自由地承担政治义务。这种私人领域的自由主义就必然要求政治领域的自由主义。自由的社会是尊重异质性的社会，自我要追求个性的实现，人们的价值取向、社会的组织方式、人们的生产与生活方式在自愿的基础上具有多元化的特点。后来的《淮南子·缪称训》根据庄子的正义思想提出了"道者，物之所导也；德者，性之所扶也；仁者，积恩之见证也；义者，比于人心而合于众适者也"的见解，还在《淮南子·齐俗训》中明确总结出义就是适宜，"义者，循理而行宜也；礼者，体情制文者也。义者宜也，礼者，体也。昔有息氏为义而亡，知义而不知宜也；鲁治礼而削，知礼而不知体也"。对此，庄子提出了"自适其适"的个人本位主义正义观。对此严复指出，"其论道终极，皆为我而任物，此在今世政治哲学，谓之个人主义"①。这与儒家个体正义思想有着根本不同，儒家的个体正义思想是对自我的行为进行调节和约束的合理准则。徐复观先生精辟地指出，"庄子对政治的态度，不是根本否定它，乃是继承老子无为之旨，在积极方面，要成就每一个人的个性；在消极方面，否定一切干涉性的措施。不过庄子所要成就的个性，不是向外无限制伸展的个性；庄子所要成就的，乃是向内展开的，向道与德上升的个性；这在他，便称之为'安其性命之情'。能安其性命之情，亦即是使人能从政治压迫中解放出来以得到自由"②。

第二节　老庄社会正义思想内容

"道法自然"是老庄哲学思想的核心范畴，也是其社会正义观的

① 王拭主编，严复：《严复集》，中华书局1986年版，第1126页。

② 徐复观：《中国人性论史》，华东师范大学出版社2005年版，第249页。

根据。依据"道法自然"的本体依据，老庄提出了生命原则、自由原则、均平原则以及公正原则等社会正义的基本原则。这些原则，虽然在今天看来内容略显单薄，但却建构了社会正义思想的大致轮廓。老庄社会正义思想中提出的原则使它与同时期的古希腊思想家柏拉图、亚里士多德的正义思想毫不逊色，而且还能为当今的政治文化建设、社会保障制度建设、法制建设提供重要的思想借鉴。

在《老子》第五十七章中明确提出了"以正治国"的口号，这是中国政治思想史上首次把公正、正义提到治国安邦的基本方略上，是一种非常深刻的思想。在《庄子·庚桑楚》中庄子也讲道："正则静，静则明，明则虚，虚则无为而无不为也。"庄子把公正、正义看作社会稳定之源。什么是老庄的公正、正义呢？老庄虽然没有直接明确地提出自然即正义的观点，但老庄的"道法自然"之道包括形而上之道，也包括形而下之道。"道法自然"是一种涵摄正义的本体论、正义的标准论的价值学说。老庄建立了以自然为人类一切活动包括政治活动、非政治活动的最高价值的核心体系。如前所述，老庄的制度正义之理论标准建立在"道法自然"的假设上。自然即正义，妄为即非正义。凡是违背自然——人性自然、原初状态之自然、圣人以辅万物之自然的，都是不正义的。顺其自然是人类一切活动的首要法则，也是正义的首要准则。老庄理想制度的特征就是原初状态的平等、自由、自足。

老庄把个体正义看作是社会正义的基础，强调生命至上原则和自由至高原则，个体通过保持独立自由的人格和知足常乐的生活模式，强调人的精神价值，对于个人的生活有不可忽视的实际指导意义。

一　老庄的行政正义思想

评价一种好制度的标准，老子总结为"大制不割"，即不伤害百姓。《第六十章》中形象地讲道："治大国，若烹小鲜。以道莅天下，其鬼不神。非其鬼不神，其神不伤人；非其神不伤人，圣人亦不伤人。夫两不相伤，故德交归焉。"最初建立的氏族机构都是为公众服务的机构，后来转变为一个阶级压迫另一个阶级的统治机构。

为了解决行政合乎自然状态这个重大问题，老庄提出了无为而治的行政观。杨国荣先生指出，"按《庄子》的看法，自然的形态是存在的理想状态，文化的发展、社会规范的形成都将导致对人的束缚，惟有回到自然的存在形态（天），才能达到自由（逍遥）之境。不难看到，在庄子那里，自由与自然似乎重合为一"①。老庄并非没有看到遵守自然正义的困难之处，无为而无不为提供了一种便捷的方法，《第二十九章》就讲到"为者败之，执者失之"，王弼注曰："万物以自然为性，故可因而不可为。可通而不可执也。无有常性，而造为之，故必败也。物有往来，而执之，故必失矣。"老庄认为，无为政治是最好的政治，与现代市场经济要求的"小政府，大社会"相吻合。从统治绩效来说，有为政治比不上无为政治，《庄子·天地》就明确指出"古之畜天下者，无欲而天下足，无为而万物化，渊静而百姓定"。正如邦雅曼·贡斯当宣称，"每当政府声称为我们做事情，它都比我们自己做更无能，代价更昂贵"②。老庄的无为政治仍然要维护特定的社会秩序，但不能建立牺牲个人自由的专制秩序，僵化的秩序。《淮南子·齐俗训》中一段话阐释了老庄的无为之治，"治国之道，上无苛令，官无烦治，士无伪行，工无淫巧，其事经而不扰，其器完而不饰。乱世则不然"。

老庄"无为"的思想正是针对统治者恣意妄为、扰乱民生而提出的限制统治者权力的要求。老子希望统治者不要频繁发布政治命令。《第五章》中指出"多言数穷，不如守中"。政令发布多了，让人民困惑，手足无措，无法执行，不如坚守清静无为，推行能见效又切合人民实际需求的政策。《第二十二章》也讲到"少则得，多则惑。是以圣人抱一为天下势"，老子不是绝对的反对任何政令，而是看到了

---

① 杨国荣：《存在之维：后形而上学时代的形上学》，人民出版社 2005 年版，第 286 页。

② ［法］邦雅曼·贡斯当：《古代人的自由与现代人的自由》，阎立文等译，上海世纪出版集团 2005 年版，第 38 页。

"少则得，多则惑"的行政辩证法，希望保持政策的持续稳定性，而反对暴风骤雨式的政策运动。在《第二十三章》讲得很明白，"希言自然。故飘风不终朝，骤雨不终日。孰为此者？天地。天地尚不能久，而况于人乎"？

《庄子·田子方》讲到周文王授政于具有隐士倾向的藏丈人，藏丈人执行"典法无更，偏令无出"的无为之政，三年之后，藏地境内大治，文武之士结成的私党自行解散，官长齐心协力不以德自夸，外邦标准不一的量器也不敢进入邦内使用。老子认为政令繁多而又失败，就不能取信于民，在《第二十三章》中就指出"信不足焉，有不信焉"。老子认为政令简单而又统一，就能稳定社会，也就是《第四十五章》中讲的"清静为天下正"。正如在《第三十九章》中讲到的"昔之得一者：天得一以清；地得一以宁；神得一以灵；谷得一以盈；万物得一以生；侯王得一以为天下正。其致之也：谓天无以清，将恐裂；地无以宁，将恐废；神无以灵，将恐歇；谷无以盈，将恐竭；万物无以生，将恐灭；侯王无以正，将恐蹶"。让百姓在一种宽松自由的政治环境中生活。

老子告诫统治者要把治理天下看作神器，对行政应当持有一种敬畏之心，因为政治上的一举一动都关系到国家和人民的幸福，"岂能不慎乎"？老子吸收了《易经》豫卦的思想，在《第十五章》中指明"豫兮，若冬涉川；犹兮，若畏四邻"，告诫统治者要小心谨慎，切忌草率行动，行政者做错一步，好事可能变成坏事，不可不谨慎，所以不敢为天下先。老子在《第六十章》中说："治大国若烹小鲜"，治理国家要小心翼翼，不要无故搅动民生，否则百姓会受到损害，从而失去统治的民众基础。老子提出行政要善始善终。在做事情的过程中，要积极努力，不畏艰难，一步一个脚印，直到实现目标，即老子在《第六十三章》中所说的"大小多少，报怨以德。图难于其易，为大于其细；天下难事，必作于易，天下大事，必作于细。是以圣人终不为大，故能成其大。夫轻诺必寡信，多易必多难。是以圣人犹难之，故终无难矣"。老子吸收了《尚书·蔡仲之命》慎终的观点："慎厥初，惟其终，终以不困；不惟其终，终以困穷。"老子在《第六十四章》中提出"民之从事，常于几成而败。慎终如始，则无败事"。老子还提出，不要浪费，要节约资源爱惜民力，正如老子在《第五十九章》中所讲的："夫唯音，是谓早服；早服，谓之重积德。重积德，则无不克；无不克，则莫知其极；莫知其极，可以有国；有国之母，可以长久。是谓深根固抵，长生久视之道。"老子在《第六十七章》中说的"俭故能广"表达的是同样的意思。

　　老子对统治者提出了"善治"的要求。老子在《第八章》中说："上善若水。水善利万物而不争，处众人之所恶，故几于道。居善地，心善渊，与善仁，言善信，正善治，事善能，动善时。夫唯不争，故无尤。"所谓善治，就是顺势而治，依其自然之性而治。依据人们或客观事物的要求，在适当的时间、适当的地点，用适当的方法促使其成功。庄子假借黄帝之口提出顺四时而行政的思想，也就是《庄子·天运》中讲到的"夫至乐者，先应之以人事，顺之以天理，行之以五德，应之以自然，然后调理四时，太和万物。四时迭起，万物循生；一盛一衰，文武伦经；一清一浊，阴阳调和，流光其声；蛰虫始作，吾惊之以雷霆；其卒无尾，其始无首；一死一生，一偾一起；所常无穷，而一不可待"。善治的根本在于不要妄为，正如其在《庄子·在宥》中认为的"汝徒处无为，而物自化。堕尔形体，吐尔聪明，伦与物忘，大同乎涬溟，解心释神，莫然无魂。万物云云，各复其根，各复其根而不知；浑浑沌沌，终身不离；若彼知之，乃是离之。无问其名，无窥其情，物固自生"。《庄子·则阳》中"长梧封人问子牢曰：'君为政焉勿卤莽，治民焉勿灭裂。昔予为禾，耕而卤莽之，则其实亦卤莽而报予；芸而灭裂之，其实亦灭裂而报予。予来年变齐，深其耕而熟穆之，其禾繁以滋，予终年厌飧'"。长梧封人的话语生动地反映了主观随意和尊重客观对象两种不同工作态度带来的不同后果，提出了要从客观对象出发的要求。老子说："不知常妄作凶。"庄子认为不根据客观事物的本性去施政必将会造成很坏的恶果，正如《庄子·

则阳》中讲到的"卤莽其性者，欲恶之孽，为性蓬苇兼葭，始萌以扶吾形，寻耀吾性；并溃漏发，不择所出，漂疽疥痈，内热溲膏是也"。《庄子·徐无鬼》中提出"夫为天下者，亦奚以异乎牧马者哉！亦去其害马者而已矣"，这也是一种政治治理的大智慧。

二　老庄的经济正义思想

老庄的经济正义思想与其宇宙论和人性论及社会理想有紧密联系，是其宇宙论、人性论和社会理想的必然推论。

（一）老子从宇宙论即"道法自然"的角度论证经济均平的经济正义思想

《第七十七章》说："天之道，其犹张弓与，高者抑之，下者举之，有余者损之，不足者补之。天之道，损有余而补不足，人之道，则不然，损不足以奉有余，孰能有余以奉天下，唯有道者。是以圣人为而不恃，功成而不处，其不欲见贤。"河上公注《老子　第七十七章》认为，老子此处是因"天道暗昧，举物类以为喻也"。正如某些章节以水、谷、黔等作为比喻以言明"天道"观念一样，让人印象深刻。不过，此处主要是为了借天道来阐述人事主张的。以天道作为人道的典范，批评人之道与天之道之不同。天之道无偏无私，均平调合，人之道却是"损不足以奉有余"，违背公平正义的自然原则。

庄子继承了老子天道均平的思想，在《庄子·天道》中指明"天和者也；所以均调天下"，"天道运而无所积，故万物成；帝道运而无所积，故天下归；圣道运而无所积，故海内服"。庄子深化了老子的经济公正思想，提出了万物平等的宇宙本体论，为经济公正思想作了更有力的论证，正如他在《庄子·秋水》中讲的"以道观之，何贵何贱……万物一齐，孰短孰长"？所以庄子在《庄子·徐无鬼》提出"天地之养也"的见解。这种见解在后来的道教经典《太平经》中得到了发挥，《太平经·卷六十七》指出："此财物乃天地中和所有，以共养人也"；"天之有道，乐与人共之；地有德，乐与人同之；中和有财，乐以养人"；"或积财亿万，不肯救穷周济，使人饥寒而死，罪不除也"。老子同样反对不劳而获，在《第五十三章》中他指出"朝甚除，田甚芜，仓甚虚，服文采，带利剑，厌饮食，财货有余，是为盗夸"。我们还可以从《太平经》中另一处文字体会老庄的经济观点的影响。《太平经·卷九十七》："天生人，幸使其人人自有筋力，可以自衣食者，而不肯力为之，反致饥寒，负其先人之体，而轻体其力。……所以然者，天地乃生，凡财物可以养人者，各当随力聚之，取足而不穷。反休力而不作之自轻，或所求索不和，皆为强取人物，与中和为仇，其罪当死明矣。"

（二）老庄肯定人有基本的物质需要

天地生人，必也养人，老子在《第三章》中提出"是以圣人之治，虚其心，实其腹，弱其志，强其骨；常使民无知、无欲，使夫智者不敢为也。为无为，则无不治"，显然肯定了满足人民基本物质需求的重要性。社会的物质生产与精神生产相比，更具有实际意义。而社会的精神生产，往往是统治阶级垄断的权力，统治阶级就是"劳心者"，孟子在《孟子·滕文公上》说的"劳心者治人，劳力者治于人；治于人者食人，治人者食于人：天下之通义也"，就反映了统治阶级与被统治阶级在物质生产和精神生产方面的分裂。当精神生产者与物质生产者合一的时候，如原始社会的部落首领，行政行为一般不会损害经济的自然发展。当精神生产者作为物质生产者的管理者、指挥者、命令者，远离物质生产者时，行政行为就会出现妄为的情况。行政管理方法也会朝着精神统治之术方面细化，凡是有利于培养人民服从性格的思想都会得到倡导。当时的知识教育主要是以遵守礼制和培养对统治阶级的忠诚为内容以及以如何掌握立德、立功、立名之术为要点，严重背离了人的本真之性，为老子所不取。老庄重视发展民生经济，对生产活动并不像儒家那样持鄙视态度，庄子本人也从事生产活动。庄子提出生产活动要去掉机心，这是因为技术文明前进的时候，不平等不公正的现象加剧。他认为，技术助长了私心贪欲，导致道德的堕落。当然，庄子否定技术的态度值得商榷。老庄认为统治者的职能主要是发展民生，满足人民基本的物质需要，有点类似于西方政治学家倡导的为经济服务的经济政府观。

庄子在《庄子·马蹄》中描述："夫赫胥氏之时，民居不知所为，行不知所之，含哺而熙，鼓腹而游，民能以此矣。及至圣人，屈折礼乐以匡天下之形，县跂仁义以慰天下之心，而民乃始踶跂好知，争归于利，不可止也。此亦圣人之过也。"原始社会，作为理想的社会生活境界，以及在《庄子·达生》中表达的"养形必先之以物"的观点，都肯定了物质需求的满足对人民生活的重要性。老子认为老百姓衣食不保的原因就在于统治者对人民的剥削太重，他在《第七十五章》中指出"民之饥以其上食税之多，是以饥。民之难治以其上之有为，是以难治。民之轻死以其求生之厚，是以轻死。夫唯无以生为者，是贤放贵生"。老子在《第五十三章》中对剥削阶级发起了猛烈抨击："朝甚除，田甚芜，仓甚虚。服文彩，带利剑，厌饮食，财货有徐。是谓盗夸。"他把剥削阶级比作强盗，说明老子对他们极为不满。为什么使用"盗夸"这个词，是因为剥削阶级与强盗一样都是不劳而获，这个在《诗经》的《硕鼠》篇已有思想源头。老子不像卢梭那样认为私有财产是社会不平等的根源，而是认为有为政治是社会不平等的原因。由此可见，老子分析经济问题的特点是更加注重从政治上寻找根源。在当时条件下，统治阶级的贪欲无疑加重了社会的不公。

（三）主张财富的平均分配

老庄"人无贵贱"的平等观念必然导出分配平均的思想，但是老庄主张的是一种起点的分配公平。老庄认识到统治者惯于以仁义之德、功名利禄吸引人民为其服务，以赏罚为事尚贤使能，其结果是腐化了知识分子等中间阶层，形成了一种精英政治的联盟。立德者以仁义之德占据社会有利地位，立功者以功劳占据社会有利地位，立名者以名誉占据社会有利地位，在庄子看来不过是其在《庄子·盗拓》中指出的"无耻者富，多信者显。夫名利之大者，几在无耻而信"。论者一般认为儒家、墨家、法家在分配社会资源方面具有机会公正的思想，但是庄子却在《庄子·列御寇》中批评："在上为乌鸢食，在下为峻蚁食，夺彼与此，何其偏也"，"以不平平，其平也不平；以不征征，其征也不征"。其结果是富者越富、贫者越贫两极分化严重的局面出现。庄子认为在氏族社会的圣人之治才是一种"均治"的状态，正如他在《庄子·天地》中讲到的"门无鬼与赤张满稽观于武王之师。赤张满稽曰'不及有虞氏乎！故离此患也。'门无鬼曰：'天下均治而有虞氏治之邪？其乱而后治之与？'赤张满稽曰：'天下均治之为愿，而何计以有虞氏为！……至德之世，不尚贤，不使能，上如标枝，民如野鹿，端正而不知以为义，相爱而不知以为仁，实而不知以为忠，当而不知以为信，蠢动而相使，不以为赐。是故行而无迹，事而无传"。这一段材料对理解庄子经济理想十分关键。

（四）老庄经济正义思想逻辑分析

老庄的经济正义思想与其政治自由主义精神是一致的。必要的财产是人们免于服从腐朽政治和外利诱惑的基础，即保持政治自由和精神自由的物质保证。庄子希望每个人都有自给的财产，这样可以保证自己在人格上的独立。"均"是希望每个人都有必需的生产资料，希望每个个体都有自由独立人格。庄子在《庄子·让王》中描述："孔子谓颜回曰：'回，来！家贫居卑，胡不仕乎？'颜回对曰：'不愿仕。回有郭外之田五十亩，足以给饘粥；郭内之田十亩，足以为丝麻；鼓琴足以自娱，所学夫子之道者足以自乐也。回不愿仕。'孔子愀然变容曰：'善哉回之意！丘闻之，知足者不以利自累也，审自得者失之而不惧，行修于内者无位而不作。丘诵之久矣，今于回而后见之，是丘之得也。"

如果我们把庄子的均贫富思想看作倡导起点公平的理解，并且把它与庄子的政治自由主义联系起来，人们对老庄的经济正义思想的误解就会减少。老庄反对不劳而获，自然不会主张绝对的平均主义，而是反对绝对和始终如一的平均主义。老庄只是主张起点平均，但若以为他们主张绝对、机械的平均主义的观点，就没有看透他们的本意。获得由国家安排的一定量土地或其他经济资源，是民众接受国家统治的基础。贫富不均是在国家出现之前就有的现象，当然，恢复远古的分配平均已不可能。虽然这种社会改良不可能触动封建土地剥削制度，但却有助于在一定程度上缓和地主阶级和农民间的尖锐矛盾，有利于抑制土地兼并，也有利于农民的休养生息、发展生产。老庄这种起点平均思想甚至不能作一番"革命"的理解，即不能把老庄理解为支持那种把旧政权推倒重来重新进行土地分配的农民革命战争。这种经济正义应当是保障弱势群体最低的生活水平，也就是《庄子·天下》所讲的"百官以此相齿，以事为常，以衣食为主，蕃息畜藏，老弱孤寡为意，皆有以养，民之理也"。显然，老庄认为整个社会只有在这个基础上才可以谈论公平正义问题。换言之，老庄是在起点均平的基础上任其自然、自由地发展。这种经济均平方式可通过社会调剂方式而不是暴力革命的方式来实现。老庄全书的主旨谈论的均是人的自由问题，而老庄的经济正义思想与其政治自由主义精神是一致的。老庄的经济均平思想不一定是指土地分配问题，更多的是指经济财富问题。老子提出了"自富"说，即希望保障个体经济的稳定和不受剥夺。无为自富，也就是与民休息，汉代以来统治阶级实行休养生息政策即受到了老庄的影响。

应当承认，老庄的经济正义思想还是比较肤浅的。它涉及了财富公平问题、经济发展方式、社会发展目的等内容，但对这些问题的探讨较为粗浅，缺乏深入细致的研究。此外，在解决分配不公问题上，老庄主张采取清心寡欲和限制富者的办法，而不是采取积极的方法去促进经济财富增长，就有点不符合实际。尽管如此，老庄在经济问题上以百姓心为心、关心弱势群体的立场是值得赞许的。他们注意到经济现象与政治权力之间的关联及经济对社会的重大影响，认为只有保障民生，人与人之间才能和谐相处，社会才能稳定发展。

分配正义问题在《老子》《庄子》中是以主张经济均平的方式明确提出来的，在当时那种环境下提出这样敏感的问题的确是难能可贵的。经济主张是为政治理想服务的，因而两者之间存在紧密的联系。如果出现了贫富悬殊，就要进行调剂。老庄的均平，主要是向统治阶级进言，希望他们自愿放弃贪欲和不合理的财富占有。农民与统治阶级的矛盾激化到让农民揭竿而起推翻暴政的地步，庄子认为社会矛盾的根源在于贫富悬殊。社会财富分配上存在着不合理现象，统治者穷奢极欲，人民则食不果腹。庄子在《庄子·达生》中认为，"与圣人藏于天，故莫之能伤也。复仇者不折镆干，虽有忮心者不怨飘瓦，是以天下平均。故无攻战之乱，无杀戮之刑者，由此道也"。由此可见，在礼崩乐坏的情况下，当时的土地国有制事实上遭到破坏，新兴贵族土地兼并现象频发，庶民被剥夺土地的现象异常频繁。失地农民失去生存的根本，不得不成为流民，不得不入室为盗贼，出现如盗拓这样的农民运动领袖。也就是庄子在《庄子·天地》讲到的，"富而使人分之，则何事之有"！

老庄经济正义思想的主要目的是让劳动者获得基本的生活资料，即《第七十二章》中讲到的"无狎其所居，无厌其所生。夫唯不厌，是以不厌。是以圣人自知不自见；自爱不自贵"。其主张利用调剂措施来稳定社会结构，缓解社会的动荡不安，有很大的合理性，也表明老庄并不是无政府主义者。庄子在《庄子·徐无鬼》中也讲到"以财分人谓之贤"，老庄把分配正义作为正义的重要内容，是正义观的一大进步。他们站在人民的立场，要揭露《庄子·外物》中讲的"《诗》《礼》发家"实则为巧取豪夺的仁义之士之虚伪。财产是个人物质保障的来源，是精神独立的保障，是独立于强权的底线。在当时，老庄并不可能提出有效的具体经济纲领，他们的经济均平思想只是乌托邦式的空想。在一个贫富悬殊巨大的社会里，经济均平是最好的良方。从当时的现实和社会来看，老庄的思考具有很强的针对性和现实性。

老庄希冀统治者实施社会调剂措施的思想符合下层人民的利益，但是他们也清醒地看到这种愿望很难实现，因为当时的剥削阶级不仅不会放弃自己的经济利益，而且还会更进一步残酷剥削下层人民。无奈，老庄只有寄希望于具有"舍我"胸襟、达到物化之境的圣王。老庄的说教在于劝导统治者清心寡欲，在这一点上，与儒家思路没有什么不同。但也有不同的是，老庄主要是针对统治者、君主提出了道德修养论，把君主约束在一个道德的框架下，要求统治者"去甚、去奢、去泰"。这种主张以寡欲作为避免或消除政权、特权所造成的一切弊端或不安定因素的途径，来治理中国社会以期达到天下大治。素朴——这是一种经济伦理化、政治伦理化的方案，以纯洁的思想来净化社会，净化国家，以保证经济、道德和政治的健康稳定，企图把矛盾都缓解和消融在个体道德的修养之中。

三 老庄的生态正义思想

生态正义思想的主要特征是把正义的行为准则和道德规范从人与人的社会关系领域扩展到人与自然的生态关系领域。老庄的生态正义思想不是一般的保护环境思想，如人类中心主义的生态观，而是一种非人类中心主义的生态观。

老庄的理想社会是"人与万物和谐共处"的社会。儒家创始人孔子说："己所不欲勿施于人"，"己欲立而立人，己欲达而达人"。庄子的主张则是"己所不欲勿施于物""己所欲施于物"的伦理规则。后者与前者相比，伦理境界更高。《庄子·天道》讲了一则老子对待老鼠的故事，可以表明老庄对动物的尊重。《庄子·天道》："士成绮见老子而问曰：'吾闻夫子圣人也，吾固不辞远道而来愿见，百舍重趼而不敢息。今吾观子，非圣人也，鼠壤有余蔬，而弃妹之者，不仁也！生熟不尽于前，而积敛无崖。'老子漠然不应。士成绮明日复见，曰：'昔者吾有刺于子，今吾心正却矣，何故也？'老子曰：'夫巧知神圣之人，吾自以为脱焉。昔者子呼我牛也而谓之牛，呼我马也而谓之马。苟有其实，人与之名而弗受，再受其殃。吾服也恒服，吾非以服有服。'"生命的生存和死亡这两个过程，在生态系统的物质循环、能量转换和信息传输中起着中介的作用。

《庄子·胠箧》《庄子·在宥》数处批评了有为政治对生态环境造成的恶果："夫弓弩毕弋机变之知多，则鸟乱于上矣；钩饵、罔罟、罾笱之知多，则鱼乱于水矣；削格、罗落、罝罘之知多，则兽乱于泽矣"；"乱天之经，逆物之情，玄天弗成；解兽之群，而鸟皆夜鸣；灾及草木，祸及止虫。意，治人之过也"！在老庄眼里，人与万物和谐共处，既是一种伦理要求，也是一种价值要求，还是一种审美要求，当然也是生态系统本身的要求。

（一）老庄认为生态正义是一种普遍伦理的要求

庄子在《庄子·天下》中表示，"常宽容于物，不削于人，可谓至极"。人们在处理人与自然关系时如果具有平等意识，才会成为具有正直道德的人。庄子不仅在观念上而且在行为中都具有崇高的德行，正如他在《庄子·知北游》中指出的"圣人处物不伤物。不伤物者，物亦不能伤也。唯无所伤者，为能与人相将迎"。反之，就是他在《庄子·庚桑楚》中讲到的"与物穷者，物入焉；与物且者，其身之不能容，焉能容人！不能容人者无亲，无亲者尽人"。

关于自然（动物主体）权利的观点，是儒家很少涉及的问题，或者说是完全被忽视了的问题。"公正"的概念产生于共同体的生活，共同体的范围标示着公正的程度。老庄认为，建构一种容纳多样性与多元性的正义学说，人的尺度不是唯一的，应是把所有主体涵盖在内的尺度。老庄特别强调在宇宙中，万物与人是平等的，人既不是自然界的主人，也不是自然界的奴隶，人与万物是一种共生性的伙伴关系。人与自然这两大要素处于相互依存和相互作用中，这就是生态系统相互作用和合作协同的整体性。生命形态的多样性没有高低贵贱之分，各种生物在生态系统中占有特定的，利用特定的空间与资源，具有特定的生存技能，拥有一定的生命周期，具有生命的感受，具有群体生活和自己的信息交流方式。与人相比，非人动物也不具有高低贵贱之分。人则有制造工具和语言及书写的技能，在长期的进化中，发展出自己的专长。比如，自由飞翔是鸟类的本领，人类能坐上自己制造的飞机，但是却永远也不能获得自由飞翔的快感。从能否自由飞翔来看，人是否比鸟类低级呢？鱼能游弋于海底，最能干的人的游泳，本领比起它们，也要逊色。人类号称无所不能，然而在无氧的环境下不能生存，离开了阳光、空气、水、群体，其生命与动物一样得脆弱。只有厌氧菌的生存不需要空气。因此，所有的生命形式应当受到公正对待。庄子在《庄子·齐物论》中说："天地与我并生，而万物与我为一。"庄子主要是通过一种多元主义的立场，尊重生态环境的生命权利。庄子更多的时候只提到动物，没提到植物，大概只把具有苦乐感受能力的生物（实体）纳入其关注范围。老庄的生态公正思想的观点有别于今天从自然资源破坏和环境污染的现实中思考人与自然的恰当关系的环境伦理观。

儒家为了强调人的理性，夸大人与动物之间的差异性，动物没有纳入应被公正对待的共同体。孟子在《孟子·滕文公上》中说："人之有道也，饱食、暖衣、逸居而无教，则近于禽兽。圣人有忧之，使契为司徒，教以人伦：父子有亲，君臣有义，夫妇有别，长幼有序，朋友有信。"还有孟子在《孟子·离娄下》又说："人之所以异于禽于兽者几希，庶民去之，君子存之。舜明于庶物，察于人伦，由仁义行，非行仁义也。"孟子在《孟子·滕文公上》中还认为，"夫物之不齐，物之情也"。孟子只看到了物的不齐，而没有看到万物的统一性，从而得出人贵禽贱的论断。荀子在《荀子·王制》也有相类似的表述，他说："水火有气而无生，草木有生而无知，禽兽有知而无义，人有气、有生、有知，亦且有义，故最为天下贵也。"荀子同样在人禽之分的意义上谈论正义，与老庄的正义思路有很大区别，故而其生态伦理思想具有很大的局限性。

老庄认为，生命是宝贵的，任何动物都珍惜自己的生命，都有生存愿望，非人动物具有与人相抗衡的自卫能力，而人类则具有用工具抵抗非人动物侵害的能力。当人们侵犯动物的生存空间时，动物会自卫；接近它，它会咬人，这是非人动物的一种本能的行为，这就是一种大自然的惩罚和调节机制。生态公正，不等于佛教的不杀生。在凶恶的动物面前，人有维护自己生存的权利，这同样是公正，是对自己生命的尊重。正如《第五十章》中讲到的"盖闻善摄生者，陆行不遇凶虎，入军不被甲兵。凶无所投其角。虎无所用其爪。兵无所容其刃。夫何故？以其无死地"。老虎居住在森林里，只有当它进入人的住宅和其他建筑物时，人才可以预先防卫。人们如果无故侵犯了它们的尊严，就等于侵犯了我们自己的尊严。因为它们在人类的技术下，如水、火、刀、枪、毒药、罗网下变得很没有安全感，已经无从抵御人类不公正的入侵和屠杀了。事实上，从人的长远发展来看，维护生态公正与人的利益是一致的。老庄生态思想的贡献是拓宽了道德研究的范围，实现了伦理观念的创新，为后来的道教所继承。

老庄认为虽然人以外的非人动物不具有商谈的资格，不是道德的主体，但却是应被伦理考虑的客体，它们同样具有被公正对待的权利。给予它们公正，是符合人道精神的。不被公正对待的非人生命与那些遭受不公正待遇的人的境遇是相同的。孟子在《孟子·公孙丑上》中虽然说："人皆有不忍人之心。先王有不忍人之心，斯有不忍人之政矣。以不忍人之心，行不忍人之政，治天下可运之掌上。"又在《孟子·梁惠王上》中说："君子之于禽兽也，见其生，不忍见其死；闻其声，不忍食其肉。是以君子远庖厨也。"孟子对非人动物具有同情的态度，但这种同情心是"不忍人之心"的扩大，孟子的立脚点是人，并从人的立场出发说话。庄子的"物化"的境界则与之迥然不同，如他在《庄子·齐物论》中讲的"昔者庄周梦为蝴蝶，栩栩然蝴蝶也。自喻适志与！不知周也。俄然觉，则蘧蘧然周也。不知周之梦为蝴蝶与，蝴蝶之梦为周与？周与蝴蝶，则必有分矣，此之谓物化"，这实际是庄子万物平等精神的体现。

当然，动物与人之间的关系伦理实质上还是一种人与人之间的关系伦理。孟子认为人与人之间就是不平等的，就像他在《孟子·尽心上》中讲到的"人莫大焉亡亲戚、君臣、上下"。对平等持否定态度的孟子认为，正义是人类特有的情感需求、理想，只能对人讲正义。如果把施行公正对象的范围从人的领域扩大到生物和自然界，也就是说对生物和自然界也要讲公正，这是不必要的。《论语·乡党》记载："厩焚，子退朝，曰，伤人乎？不问马。"孔子只问及人却没有提及马，显然是以人贵于马的立场表露的关切之情。孟子在《孟子·尽心上》中讲道："君子之于物也，爱之而弗仁；于民也，仁之而弗亲。亲亲而仁民，仁民而爱物。"儒家的"爱物"实际是儒家"亲亲"

"仁民"的扩大，"爱物"实际上是节制用物，表明儒家的仁爱具有等差性，这也明显地是一种以人为中心的物我关系论。孟子在《孟子·梁惠王上》中批评说："庖有肥肉，厩有肥马，民有饥色，野有饿莩，此率兽而食人也。兽相食，且人恶之。为民父母，行政不免于率兽而食人。恶在其为民父母也？"实际上，孟子批评的方向是错误的，"率兽而食人"，"民有饥色，野有饿莩"的现象的出现是统治阶级穷奢极欲的结果。马的乐园在于森林而不在于厩栏，"厩有肥马"并不是统治阶级对动物的优待而是对动物的自由与生命的伤害，表面上看是"动物在吃人"，实际是人与人之间不平等关系的反映。所以，马克思认为，"人的实现了的自然主义和自然界的实现了的人道主义"是"人同自然界的完成了的本质的统一"①。

（二）自然是人类价值体系的终极参照物

老庄认为，从价值的追根溯源来看，人类社会伦理的终极根源不是从人类社会中寻找，而是从自然界寻找。人与自然这两大要素处于相互依存和相互作用中。庄子认为在磅礴的宇宙天地中，每一个体都是平等的主体，无所谓贵贱，他们并处于同一个天地，并生于自然之气的生生不息之中，就像他在《庄子·至乐》中讲的"万物皆出于机，皆入于机"，《庄子·知北游》中指出的"万物以形相生，故九窍者胎生，八窍者卵生。其来无迹，其往无崖，无门无房，四达之皇皇也"，还有《庄子·寓言》中讲到的"万物皆种也，以不同形相禅，始卒若环，莫得其伦，是谓天均。天均者，天倪也"。人与自然具有统一性，正如庄子在《庄子·天地》中讲到的"天地虽大，其化均也；万物虽多，其治一也；人卒虽众，其主君也。君原于德而成于天。故曰，玄古之君天下，无为也，天德而已矣"。自然是人的行为必要的和合理的根据。老子指出：人法地，地法天。庄子在《庄子·齐物论》中指出，"物无非彼，物无非是。自彼则不见，自知则知之。故曰彼出于是，是亦因彼。彼是方生之说也，虽然，方生方死，方死

---

① 《马克思恩格斯全集》第 42 卷，中央编译局，人民出版社 1956 年版，第 122 页。

方生；方可方不可，方不可方可；因是因非，因非因是。是以圣人不由，而照之于天，亦因是也"。老庄认为人自己不能依据自身建立客观标准，就像《庄子·在宥》中指出的"不明于天者，不纯于德；不通于道者，无自而可；不明于道者，悲夫"！

值得注意的是，庄子没有绝对否定对人自身的探讨，只是要把天与人结合起来。正如他在《庄子·大宗师》中讲到的"知天之所为者，天而生也；知人之所为者，以其知之所知以养其知之所不知，终其天年而不中道夭者，是知之盛也。虽然，有患。夫知有所待而后当，其所待者特未定也。庸讵知吾所谓天之非人乎？所谓人之非天乎"？"天与人不相胜也，是之谓真人。"负责任的思想家在构建价值学说时，岂可只从人自身出发呢？老庄认为以自然为参照，方能像《庄子·天地》中讲的"立于本原而知通于神，故其德广"。

（三）人与万物和谐相处也是一种审美要求

理想的生活是一种与万物和谐共处、万物舒适自在的生活，如晋代陶渊明写的"采菊东篱下，悠然见南山"。庄子在《庄子·缮性》《庄子·知北游》以及《庄子·盗跖》等多处表达向往"古之人，在混芒之中，与一世而得淡漠焉。当是时也，阴阳和静，鬼神不扰，四时得节，万物不伤，群生不夭，人虽有知，无所用之，此之谓至一。当是时也，莫之为而常自然"，"神农之世，卧则居居，起则于于。民知其母，不知其父，与麋鹿共处，耕而食，织而衣，无有相害之心，此至德之隆也"的生活情趣。儒家说仁者乐山智者乐水，老庄道家对各种生命都带着一种审美的心态。

（四）人与万物和谐相处是生态系统本身的要求

人是自然界的产物，人依照自然生活。庄子在《庄子·至乐》中指出"察其始而本无生，非徒无生也而本无形，非徒无形也而本无气。杂乎芒芴之间，变而有气，气变而有形，形变而有生，今又变而之死，是相与为春秋冬夏四时行也"。他认为人是天地自然中的气化而生，人来自自然，就像他在《庄子·达生》中认为的"天地者，万物之父母也，合则成体，散则成始"。人是一个自然过程，《庄子·知北游》中也指出"人生天地之间,若白驹之过隙,忽然而已。注然勃然,莫不出焉;油然寥然,莫不入焉。已化而生,又化而死。生物哀之,人类悲之。解其天韬,堕其天帙,纷乎宛乎,魂魄将往,乃身从之,乃大归乎!不形之形,形之不形,是人之所同知也,非将至之所务也,此众人之所同论也。彼至则不论,论则不至。明见无道,辩不若默。道不可闻,闻不若塞。此之谓大得"。人与自然界相通,"生也死之徒,死也生之始,孰知其纪!人之生,气之聚也;聚则为生,散则为死。若死生为徒,吾又何患!故万物一也,是其所美者为神奇,其所恶者为臭腐;臭腐复化为神奇,神奇复化为臭腐。故曰:'通天下一气耳'"。庄子认为人是生物链中的一个环节,从生态循环及万物平等的角度看人也应当与万物和谐共处。

总之,老庄的生态正义思想隐含着一个简单而鲜明的逻辑:如果人们尊重动物,那么人还会得不到尊重吗?老庄认为有必要树立一种新的道德,重新回到万物和谐共处的社会。公正扩展到自然界标志着道德的进步。人有自己的福利,动物也有自己的福利,有自己的利益。公正处理人与自然的关系能深化和促进社会的公正。人类道德对象的范围是随着历史的发展而逐渐扩大的。将来总有一天,道德对象的范围会随着历史的发展而突破生物的范围,进一步包括地球上的所有存在物,老庄万物和谐共处的理想世界就可以实现了。老庄的思想同样具有深厚的人道主义的意蕴。

第三节　道家正义思想的评析

通过对老庄正义思想与马克思主义正义观二者的比较,我们可以发现,马克思正义观中的某些观点曾在两千多年前的老庄正义思想中有过同样或类似的说法。老庄正义思想观与西方自由主义正义观具有诸多相通性,这也足以证明老庄所持有的理想,是人类都有的对理想社会、理想生活的期待。老庄自然正义思想是我们民族自己的"精神灵魂"和弥足珍贵的精神财富,虽然这个现象得到了个别道家研究者如吕锡深的关注，但学界很少有进一步的讨论。老庄提出的跨时空性的重要洞见，不应被当代罗尔斯主义者遗忘或否定。要对老庄正义学说与现代价值体系具有的共同要素做一比较，对老庄在此方面的价值作出一种恰当的判断，给老庄的正义学说以相称的理论地位。通过对此二者的比较，可以揭示老庄正义思想在现代的理论价值和理论弱点。鉴于我国现阶段正义理论体系尚不完善，老庄正义思想中具有现代价值的部分，可以吸收为我国现阶段正义理论的重要成分。

道家自然观主要强调"道法自然"和"人性自然"的基本观点。所谓"道法自然"是指宇宙间万事万物都存在着遵循自然法则并独立运行的自身规律，它超脱或独立于人的主观意志之外，因而人类不仅无法改变并且必须依照自然界的规律来从事活动。《老子》在揭示宇宙万物包括人类之间的联系，探寻天、地、人、道四者的对立和统一过程中，得出了"道法自然"的结论。这种对宇宙万物的宏大观察，在整体意义上将天、地、人、道有机而协调地统一起来，并赋予"道"发生并主宰一切的绝对价值。

庄子主张"人性自然"说，这也是道家自然观的重要内容。庄子提出人是自然界的一部分，人应当把自身融入自然之中，这实际上是在说，世界万物包括人的品性和感情，看起来千差万别，归根结底是完全齐一的，人类应当保持纯粹自然的状态，这样才能保持住人性。事实上，从哲学意义上看，道家自然观还具有一个重要内容，即对立转化的观点，如《老子》书中所列举的有无、难易、高下、阴阳、长短、祸福、前后等对立关系，并认为"反者道之动"，所有的对立都是统一的，并存在相互转化的关系。道家哲学这种显著的辩证法特征，也非常突出地反映在其生态自然观上。

客观而言，道家自然观有着重要的伦理道德价值，但与儒家自然观相类似，它同样有其局限性的一面。在自然规律问题上，道家自然观通过对宇宙万物之间相联系的认识，认为人的生活生产活动应当遵守自然规律，决不容许为所欲为。这与儒家自然观多有相似，但过分强调遵循自然规律，而忽视对自然规律的科学认识和对客观自然的主动认知，是有碍于人类主观能动性发挥的。另外，道家自然观中讲的"对立转化"不是向前发展的过程，而是简单的循环往复的过程，它强调"道"的绝对价值，认为一切对立与冲突都源于并最终要统一于"道"之中，人的一切活动不过是"道"的循环往复的变化与外化。作为自然观而言，这种消极的价值取向可能会造成人们对生态与环境问题的错误认识，是不利于激发人们生态文明建设的主体精神的。

首先，这种实践的人化自然观所具有的鲜明的现实性。如果说近代的唯物主义者在其自然观上借助于自然的外在独立性而否定了中世纪所盛行的"上帝创世说"，借助于自然本体论而否定了宗教目的论的话，那么，实践的人化自然观则从强调自然是现实的自然，人的活动是从自身的"本我自然"出发去认识和改造"异我自然"上，彻底地驳斥了近代唯物主义把人的活动与自然界相分离的二元对立的思维，以及这种思维基础上所建构的孤立和抽象的自然观。同时，也批判了黑格尔那种视自然为抽象思维逻辑外化的结果的观点，"因为人和自然界的实在性，即人对人说来作为自然界的存在以及自然界对人来说作为人的存在，已经变成实践的、可以通过感觉直观的，所以，关于某种异己的存在物、关于凌驾于自然界和人之上的存在物的问题，即包含着对自然界和人非实在性的承认问题，在实践上已经成为不可能的了"。①

其次，这种实践的人化自然观突出了对象性活动，即实践的作用。通过论证人与自然的"对象性"关系，使得这种实践的人化自然观得以与旧唯物主义自然观和一切唯心主义自然观区分开来。如它在批驳唯心主义自然观时指出的"非对象性的存在物是非存在物"，"非对象性的存在物，是一种非现实的、非感性的、只是思想上的即虚构出来的存在物，是抽象的东西"② 而在批判旧唯物主义自然观时，认为机械唯物主义与之前的唯心主义忽视了人的主体能

---

① 《马克思恩格斯全集》第 42 卷，中央编译局，人民出版社 1972 年版，第 131 页。
② 同上书，第 168—169 页。

动性，从而使自然成为机械的直观。正是在对"对象性活动"的彰显中，马克思提出："社会是人同自然界的完成了的本质的统一，是自然界的真正复活，是人的实现了的自然主义和自然界的实现了的人道主义。"① 从而深刻地驳斥了近代唯物主义那种与社会历史发展相割裂的抽象的虚化的自然观，进而使得自然与社会历史达到统一，即不存在游离于自然之外的社会发展史，也不存在脱离人类社会影响而悬孤的自然界。

最后，这种实践的人化自然观还主张从人类的具体实践中去探寻自然的价值。之所以说是从具体实践中探寻自然价值，是因为价值本身就是产生于对象性活动的，亦即存在于主体和客体两个方面的互动之中的。马克思主义从主体性赋予和客观性预设的角度对自然的对象性价值予以说明，揭示了自然价值存在、发展、创造和实现的整个过程。这也就使得西方现代伦理学，尤其是非人类中心主义所主张的那种抽象和虚无的自然内在价值。同时也正是在这样的一种揭示中，指明了在调节人与自然关系中的人类义务和权利。就如马克思以农耕为例所指出的，"耕地如果自发地进行，而不是有意识地加以控制……那么接踵而来的就是土地荒芜，像波斯、美索不达美亚等地以及希腊那样"②。

亦如恩格斯在《自然辩证法》中所指出的，人们不能沉醉在人对自然界的胜利中，因为人的每次胜利都将会招致自然随之而来的报复，这种报复可能会在时空上与人的"胜利"分离，但产生的影响却远远超过人的"胜利"的结果。③

这就突出地表达了马克思主义自然观所强调的价值论范畴，人只有对自然展开全面性的改造而不是片面性的改造才有可能获得完整而持续的价值。

----

① 《马克思恩格斯全集》第 42 卷，中央编译局，人民出版社 1972 年版，第 122 页。
② 《马克思恩格斯全集》第 32 卷，中央编译局，人民出版社 1972 年版，第 53 页。
③ 同上书，第 83 页。

老庄自然正义思想的理论意义，在其开端之际就已显露，只是由于随着专制政治的加强，它的自由主义精神没有得到发挥，不过，它在当下中国正义文化的建设中却散发着迷人的魅力。这是因为老庄正义思想中对个体生命和自由的观照精神，对人类发展具有恒久的价值。老庄虽然否定了"仁、义、礼、制"文化的价值，但并没有否定人的价值和其他道德文化的价值。相反，老庄所做的一切也是以拯救人、发展人、过人的理想生活为中心的。老庄对何谓道德作了一个新鲜活泼的陈述。我们须注意到这一辩证关系：越是肯定自然正义思想和非人生命的价值，人的价值就越凸显。反之，越是否定自然正义思想非人生命的价值，人的价值、尊严就越隐没、下堕。老庄注意到了给低等生物以平等尊严的重要性，佛教以另一种方式佐证这一点。理想生活的可欲性与坚持自然正义原则有密切的联系，老庄的自然正义思想包含着人类永远追求的理想社会状态，启发人们在此基础上继承、超越、创造、丰富，正如自然法在西方历史上受到长时间的推崇那样，老庄的自然正义思想是我们今天正义建设的一种宝贵的思想资源，是我们值得发掘并发扬光大的一项重要伦理传统。

老庄的自然正义思想体现了一种深刻的时代批判精神和积极的理论探索精神。罗尔斯顿在《哲学走到荒野》一书前言中指出："'自然'或许是一个最古老的哲学范畴，然而没有哪几个哲学范畴能够像它那样对当前有这么重大的意义。"正是由于历史上规范伦理学主宰一切太久了，这使得我们对作为人的一个最重要属性的"自然"要进行探讨的时候，不是感到陌生，就是感到非常惊讶。相比西方自然法深入人心的"天赋平等"而言，老庄自然正义思想的精髓的发挥，对我们来说仍是一件尚未完成的事业。余英时亦曾指出，"离开了'传统'这一主体，'现代性'根本无所附丽"①。我们有必要"复兴"老庄的自然正义精神，把人从种种神圣的规范伦理学和强势道德戒条的

---

① 余英时：《文史传统与文化重建》，生活·读书·新知三联书店 2004 年版，第391 页。

桎梏中解放出来，真正走向人的自我发展的时代。拒斥自然正义的观点注定要导致灾难性的后果。固然，仁爱之类的正义确实会使社会变得温情，但它无助于我们分辨正义与不正义。"当代对自然权利论的拒斥就导向了虚无主义——不，它就等同于虚无主义。"① 人们只有承续这种爱好自然与自由的传统，才能走向人类自由之国。这项任务不是儒学所能通达的。今天，个体生命价值的高扬、自由的发展尚有一段漫漫长路要走。很早就有人将老庄的思想作为反压迫的武器，与社会主义理论相提并论。只要不平等的社会现实仍然存在，老庄的正义思想就不会过时。

自然正义的逻辑要求是遵循自然，实质是遵循个体的理想，如果把自然正义的基准由"自然"转换为"个体人"的自由，那么，就会从根本上消除"自然"这一概念本身的含糊性特征所造成的理论困境。这样，随着这一逻辑起点的转换，我们将会发现，我们是能够做到老庄自然正义所诉求的那种状态的。也只有在这一意义上，才能够实现人对自然的遵循。

今天，个体的生活理想与老庄的生活理想相比并没有多大改变，个体政治的理想与老庄的政治理想相比更没有多大改变。个体的自由发展问题，在当代开始纳入中国政治哲学这块理论园地上，这已经是一个不可避免的趋势。这种历史的不可避免性，我们可以在老庄那里率先看到。甚至可以说，老庄正义理论在哲学上为个体自由发展给出了最充分的阐述论证，为中国政治哲学作出了重要的贡献。自然正义的特征是个体主义，个体至上，个体自由发展，个性张扬。离开了自然，人再也不知道人是什么，他从哪里来，要到哪里去。老庄把导致个人不自由的根源直接指向了有为政治（老庄著作是对政治统治专门反思的著作），认为有为政治根源于权力政治之爱好——它孕育和培养了人们的反自然的行为。老庄思想指出了从有为政府向无为政府转变的要求并不过时，用意在于避免社会因素、人为因素对个体过度干

---

① 万俊人等：《正义二十讲》，天津人民出版社 2008 年版，第 289 页。

预，对促进个人自由有积极作用。老庄正义哲学的宗旨，是当今政治潮流，也是行政伦理的根本性转换。正如历史表明的那样，政治统治的反自然主义导致了许多泯灭人性的事情。

人类中心论是西方近现代经济科技发展成果的理论支柱。当代西方伦理哲学中出现了生态伦理的转向，但这种转向是因为我们人类尝到了环境破坏所造成的恶果之后，直接引起的一种对非人生命的关怀及人类活动的反思，只是绝大多数环境保护者仅把注意力转向自然而已。在中国古代，生态这个问题并不是一个特别紧要的问题。然而，当老庄试图把正义哲学扩展到非人生命中的时候，他们所关注的问题，实则还是返回到人的理想、人的本质的认识问题上。生态正义是人学的一个基点。西方的一些生态伦理观点，论其境界和深度，还比不上老庄自然正义论对生态环境的自觉爱护意识。老庄试图颠覆或超越人类中心主义的立场，认为非人生命具有内在的价值，通过对非人生命的伦理观照而又巧妙地返回对人本身的伦理关注，我们可以直接秉承老庄开辟的生态哲学传统。老庄还指出，个体要摆脱对物欲的过度依赖，技术的迷思，这也是一项宝贵的建议。

正是老庄以生命、自由为原则的自然正义思想，能够再度激发中国传统政治哲学的活力，能够挽救中国传统政治哲学研究合法性的危机。当我们仔细审视道家正义思想时，就会发现中华民族的精神世界，原来是一片富于自由精神的沃土。而老庄对个体正义、社会正义的理论探索，边缘意识和弱者立场，浪漫主义风格，体现着思想家对社会现实的人文关怀和理想社会的终极追求。

第三章

法家的正义思想

　　法家也是对中国传统思想产生重大影响的学派。法家以其对"法"的重视而在中国思想史上有其独特的地位和价值，其正义观念也因此独树一帜。法家重"法"的正义观，是以其"自为"的人性论思想为基础的。法家学派的代表人物韩非在《韩非子·外储说左上》中认为，人"皆挟自为心"，好利而恶害。这是人之常情，无可厚非。法家反对利用仁、义等说教来治国，而主张通过"严刑""重罚"来治国。法，就是通过赏罚的途径而与人的利益联系起来，促使人们为了自身的利益而服从统治者的要求。

　　在中国传统文化中，法家提出的建立在性恶论基础之上的重法思想别具一格，尤其是法家强调法的公开性，是有其独特的意义的。但同样必须承认的是，法家的这种重法的思想，与现代法治思想是大相径庭的。法家所提倡之法，只是统治者手中的工具，而不是维护公民平等自由的普遍规范，因而不具有现代正义观中的法理精神。

　　法家思想得益于老庄思想的丰富滋养。司马迁评价法家代表人物韩非："喜刑名法术之学，而其归本于黄老。"韩非专门著有《解老》《喻老》等作品诠释老子学说。法家把老庄以道为正义准绳的正义观改造成了以法为正义准绳的正义观，实现了伦理正义的制度化设计。

第一节　法家正义思想的理论基础

一　君道同体说

司马迁指出："韩非喜刑名法术之学，而其归本于黄老。"[①] 在哲学思想上，老子对韩非的影响非常明显。韩非专门做了《解老》和《喻老》两篇来阐述他的哲学思想。韩非借用了老子哲学思想最核心的范畴"道"并在此基础上做了改造，将之用于政治领域。"道"是老子哲学的最高范畴，这是人所共知的。在老子的论述中，"道"具有两个最基本的含义：一方面它是指产生万事万物的总根源；另一方面是指事物的规律。韩非继承了老子关于"道"的上述思想，他说："道者，万物之所然也，万物之所以稽也。"[②] 也就是说，"道"是世界上万事万物得以形成的总根源，任何具体事物都是作为万物本源的道的体现，都受着道的制约，道充塞整个宇宙，无边无际，无所不载，无所不包。"天得之以高，地得之以藏，维斗得之以成其威，日月得之以恒其光，五常得之以常其位，列星得之以端其行，四时得之以御其气。"[③] 不仅自然界是如此，整个人类生活也是如此，"道与尧舜俱智，与接舆俱狂，与桀纣俱灭，与汤武俱昌"[④]。正因为万事万物都受着道的制约，因此韩非强调，在社会生活中，人们的行动一定要符合道的要求，一定要按照自然规律来办事，"非天时，虽十尧不能冬生一穗"[⑤]，"故冬耕之稼，后稷不能羡也；丰年大禾，臧获不能恶也。以一人力，则后稷不足；随自然，则臧获有余"[⑥]。违背自然规

---

① （汉）司马迁：《史记·申不害韩非列传》，上海古籍出版社 1997 年版，第 1666 页。
② 王先慎撰，钟哲校点：《韩非子集解》，中华书局 1998 年版，第 146 页。
③ 同上书，第 147 页。
④ 同上书，第 147 页。
⑤ 同上书，第 207 页。
⑥ 同上书，第 166 页。

律，即使像尧和后稷那样的圣人，在冬天种植庄稼也不会获得收成；如果遵循客观规律，即使地位十分卑贱的人，也会获得收成。这种体现社会生活规律的"道"被韩非称为"必然之道"。按照"必然之道"的要求，统治者首先必然考察社会现状，"审于是非之实，察于治乱之情"①，然后才能做到"赏罚随是非""祸福随善恶""死生随法度"。正是从这里，韩非得出了"抱法处势则治，背法去势则乱"②的结论，也就是说，要治理国家，使国家富强，就必须建立一套"法术势"为主体的政治措施。这是作为宇宙本体和事物规律的道在社会生活中的自然体现和基本要求，任何人都无法抗拒也抗拒不得。既然如此，"道"是否可以认识呢？这个问题在老子那里没有得到很好地解决，他曾说："有物混成，先天地生，寂兮寥兮！独立不改，周行而不殆，可以为天下母。吾不知其名，字之曰道，强为之名曰大。"③ 道在老子那里是神秘莫测、不可捉摸的。老子说："道之为物，惟恍惟惚，惚兮恍兮，其象；恍兮惚兮，其中有物；窈兮冥兮，其中有精，其精甚真，其中有信。自古及今，其名不去，以阅众甫。"④ 韩非则明确地肯定了道的可知性，他说："道者，万物之始，是非之纪也。是以明君守始以知万物之源，治纪以知善败之端"⑤，意思是说，"道"是万物的本体，是是非的纲纪。英明的君主只要掌握了"道"，就能够知道万物的根源和成败的缘由。而这种能够认识的"道"，就存在于"事"中，它与具体事物结合在一起，绝不是玄虚的，无法捉摸的。韩非子指出："道者，下周于事，因稽天命，与时生死，参名与事，通一同情"⑥，这也就是说，道普遍存在于一切事物之中，顺应自然法则，有兴有灭，并参照名称和事情，使人的言行得以统一会通。

---

① 王先慎撰，钟哲校点：《韩非子集解》，中华书局 1998 年版，第 102 页。

② 同上书，第 392 页。

③ （魏）王弼：《诸子集成》第三册，中华书局 1954 年版，第 14 页。

④ 同上书，第 14 页。

⑤ 同上书，第 12 页。

⑥ 王先慎撰，钟哲校点：《韩非子集解》，中华书局 1998 年版，第 26 页。

这种理论是对老子"道"论的一种扬弃。在此基础上，韩非为当政者设计了许多治国之道，他认为只要掌握了这些治国之道，治理天下者不必是贤主，只要有中人之才，就可达到"治千而乱一"① 的效果。按照韩非的理论，"道"只能为君主所掌握。"道"是独一无二的，它起着左右和支配一切的作用。因此，道不同于具体事物。韩非说："道不同于万物，德不同于阴阳"②，也正由于道的独一无二，所以他称之为"一"，"道无双，故曰一"③。在这里，韩非将"道"称作"一"，完全是沿用了老子的说法。老子说过："天得一以清，地得一以宁，神得一以灵，谷得一以盈，万物得一以生，侯王得一以为天下贞。"④ 这里的"一"就是"道"。"道"的特性决定了任何人只能依道而行，循道而为，绝不能反道而行，逆道而为，即使君主也不例外，必须服从"道"。韩非说："有术之君，不随适然之善，而行必然之道。"⑤ 但这仅仅是理论的设计，在现实生活中，君主就是一切，至高无上，独一无二，"君不同于群臣"，按照道与万物的关系，君与道相等同，臣民与万物相齐一。这样一来，"君主"就成了"道"的代名词，两者成了一体。君即道，道即君，韩非的君道同体说就这样产生了，其法治学说也从这里找到了理论基石。只不过，老子的"道"经过这样一番改造，其中的自然唯物主义思想也就变成了"圣化君主强化君主专制的辩护词"⑥。

二　人性好利论

先秦诸子在设计政治主张时，一般都是以对人性的判断为基础的。由于对人性认识的不同，对统治政策、手段和政治理想的设计

---

① 王先慎撰，钟哲校点：《韩非子集解》，中华书局 1998 年版，第 46 页。

② 同上书，第 392 页。

③ 同上书，第 46 页。

④ 同上书，第 46 页。

⑤ （魏）王弼：《诸子集成》第三册，中华书局 1954 年版，第 24 页。

⑥ 刘泽华：《中国古代政治思想史》，南开大学出版社 1991 年版，第 140 页。

也就不同。儒家主张人性善，政治上实行仁政，提倡道德教化，主张用礼来规范人的行为。法家认为人性好利，不可以教育，因此要用强权和刑罚来控制人们的行为，他们否定一切伦理道德，是非道德主义者。正是基于对人性不同的认识，儒家思想强调限制人欲，法家不主张限制人欲，而是承认人的欲望，用赏和罚约束、引导人的欲望。

在人性论上，韩非继承了前期法家人性好利思想，并进一步发挥。在韩非看来，好利是人的本性，人性好利是由人的本能需要所决定的。他说："以肠胃为不食则不能活，是以不免于欲利之心。"[1] 动力就是追逐利益，切都是利欲的驱动。所以，对于人的一切行为，韩非认为人们一切行为的直接就不必用道德去衡量、解释。韩非列举了很多例子来说明这个问题，"医善吮人之伤，含人之血，非骨肉之亲也，利所加也。故舆人成舆，则欲人之富贵，匠人成棺，则欲人之夭死。非舆人仁而匠人贼也，人不贵则舆不售，人不死则棺不卖，情非憎人也，利在人之死也"[2]。非但一般关系如此，即使是父子、夫妻关系也不例外。韩非不承认人的亲情关系，他认为儒家的伦理道德都是骗人的。他说："父母之于子也，产男则相贺，产女则杀之。"父母的态度截然相反，其原因就在于有利和无利，"虑之后便，计之长利也"。父母子女之间"犹用计算之心以相待也，而况无父子之泽乎"[3]！韩非由此得出了非道德主义法治观。在君与臣的关系上，儒家学派强调君臣相依，君臣之间要讲究信、忠、仁、礼。韩非不相信这一套，他直截了当地指出君臣之间是赤裸裸的买卖关系、虎狼关系。君臣之间的关系就像市场上的交易，"臣尽死力以与君市，君垂爵禄以臣市。君臣之际，非父子之亲也，计数之所出也"[4]。君臣之间没有

---

① （魏）王弼：《诸子集成》第三册，中华书局 1954 年版，第 146 页。

② 王先慎撰，钟哲校点：《韩非子集解》，中华书局 1998 年版，第 116 页。

③ 同上书，第 47 页。

④ 同上书，第 352 页。

血缘关系，也不必讲什么道德，"主卖官爵，臣卖智力"①，相互交换而已。如此，则君臣之间纯属利害关系也就不必再多说，君臣之间没有什么道德可言，更不存在什么信任。"夫以妻之近与子之亲而犹不可信，则其余无可信也。"② 在韩非看来，所有的人都处于"利"的关系网中，所有的关系都是利益关系。既然如此，君主在控制臣民时，绝不能用道德教化，"不养恩爱之心"③，否则必是缘木求鱼，南辕北辙。对于好利的人性，韩非不主张压抑控制，而是主张"因情""利导"。他说："凡治天下必因人情，人情有好恶，故赏罚可用，赏罚可用则禁令可立"④，而治道"善用人者，必循天顺人而明赏罚"⑤。所谓因情顺人并不是顺应民心民意，而是要摸透百姓的利欲，承认人的好利，利用人的好利，根据人性好利的本性来制定统治政策，用利去调动百姓。这就把统治者的需要与个人的需要结合起来，一切统治政策都从现实出发，使现实政策落到了实处。人性好利，如果不按一定的秩序和方向去追求，社会就会陷入混乱。因此，统治者要"导之"，使好利的追求为统治者所用。"夫上所以陈良田大宅，设爵禄，所以易民死命也。"⑥ 韩非主张用赏罚来规定求利的秩序和方向，君主要控制利的获得，既要满足臣民对利的追求，又要使臣民的私利的获得与君主分不开。臣民的私利不能违背君主的"公利"，"匹夫有私便，人主有公利，不作而养足，不仁而名显，此私便也；息文学而名法度，塞私便而一功劳，此公利也"⑦。私利的获得由君主控制，臣民就必须为君主效劳，从而强化了君主的权利。

---

① 王先慎撰，钟哲校点：《韩非子集解》，中华书局 1998 年版，第 338 页。
② 同上书，第 115 页。
③ 同上书，第 418 页。
④ 同上书，第 430 页。
⑤ 同上书，第 204 页。
⑥ 同上书，第 459 页。
⑦ 同上书，第 425 页。

第二节　法家正义思想的基本内容

一　提倡君主集权

韩非极力主张建立中央集权的封建国家政权，实行君主专制统治，他的法治思想体系实际上是君权目的论和法治方法论的高度统一。在韩非看来，人主立法，立法为君；法由君操，势为君处，术为君执，"法""术""势"都不过是君主实行法治的方法手段，而实行"法治"的根本目的在于以君为主，君主集权，实行专制。因此，在《韩非子》一书中，五十五篇文章都以"君"为立论基点。作为封建专制主义的积极鼓吹者，与慎到的"重势"不同，韩非主张人主必须"擅势""独断"，集所有大权于一身，以法"独制"。他在《扬权》篇殷切告诫君主："主之所以尊者，权也。"他一再提醒君主，绝不可与臣下"共权"，必须保持"身贵""位尊""威重"和"势隆"这四美。他说："权势不可以借人。上失其一，臣以为百"，权势"在君则制臣，在臣则胜君"，人主失力而能有国者，千无一人。因此，韩非的这种君主集权、"独断"思想与慎到的"重势"但又主张限制君权的思想是有明显区别的。尽管韩非主张君主集权，但其思想仍然属于法家"法治"思想。他认为："事在四方，要在中央，圣人执要，四方来效力。"君主要擅权、独势，只要采取正确的方法就行了，而正确的方法是"尽之以法，质之以备"。

韩非子劝告君主把法、术、势三者结合起来，在《韩非子·忠孝》中讲道"君执柄以处势，故令行禁止。柄者，杀生之制也；势者，胜众之资也。废无度则权读，赏罚下共则威分。是以明主不怀爱而听，不留说而计"。这种对独裁权力的极端迷信和热爱，是法家以法治国思想具有的内在缺陷。这表明，法家在汲取老庄政治思想时，把老庄正义观的自然主义精神这一重要特点有意忽略掉了。

二　主张法治

法家希望法在社会中达到一个老庄之"道"的"无为而无不为"功用。也就是说，法家将老子的无为思想引入法治，所采取的态度是实践的。法家希望统治者掌握"道"的神秘莫测精神，化道之神秘莫测精神进入政治统治中。道家之道的神秘性特征被法家运用到君主之术中。法家的"术"的概念，巧妙地利用了老子道的"神秘"及其"无为虚静"的特征，把老子圣人无为之道改造为君主操驭臣下之术。老子说：道"视之不见""听之不闻""搏之不得"。韩非子在《韩非子·主道》中说："道在不可见，用在不可知君；虚静无事，以暗见疵。见而不见，闻而不闻，知而不知。知其言以往，勿变勿更，以参合阅焉。官有一人，勿令通言，则万物皆尽。函掩其迹，匿有端，下不能原；去其智，绝其能，下不能意。保吾所以往而稽同之，谨执其柄而固握之。"显然，韩非子对老子之道的吸收是为我所用，以自己的立场为中心，与老子之道有很大的背离。

韩非子汲取了老庄对仁治的批评态度，但他对仁治的批评与老庄对仁治的批评方法是不同的。《韩非子·奸劫弑臣》："夫有施与贫困，则无功者得赏；不忍诛罚，则暴乱者不止。国有无功得赏者，则民不外务当敌斩首，内不急力田疾作，皆欲行货财，事富贵，为私善，立名誉，以取尊官厚俸。故奸私之臣愈众，而暴乱之徒愈胜，不亡何时！夫严刑者，民之所畏也；重罚者，民之所恶也。故圣人陈其所畏以禁其邪，设其所恶以防其奸，是以国安而暴乱不起。吾以是明仁义爱惠之不足用，而严刑重罚之可以治国也。"法家在批判仁义之治的不足时，恰当地推出了法治治国的思想，正如韩非子在《韩非子·八经》中讲到的"不恃赏罚而恃自善之民，明主弗贵也，何则？国法不可失，而所治非一人也。故有术之君，不随适然之善，而行必然之道"。

法家的法，主要是指刑和赏，强调君主用刑赏来治理国家、臣民。韩非子重视赏罚，而其恰是老庄批评的有为政治的表现。韩非子在《韩非子·心度》认为，"夫民之性，恶劳而乐佚，佚则荒，荒则不治，不治则乱而赏刑不行放天下者必塞"。他提出根据人性来治理天下的看法，在《韩非子·八经》中说"凡治天下，必因人情。人情者，有好恶，故赏罚可用；赏罚可用则禁令可立而治道具矣"。因而他把赏罚得当作为法治的根本内容，在《韩非子·奸劫弒臣》中指出"夫严刑者，民之所畏也；重罚者，民之所恶也。故圣人陈其所畏以禁其邪，设其所恶以防其奸。是以国安而暴乱不起"。但是，法家的法，并不强调君主本人守不守法的问题。

法家是以君主为本位的国家主义正义观，与儒家一样强调废私立公，"夫立法令者以废私也，法令行而私道废矣"。法律是废私立公的基本工具，正如韩非子在《韩非子·诡使》中指出的"私者所以乱法也。而士有二心私学、岩居容路、迁伏深虑，大者非世，细者惑下，上不禁，又从而尊之，以名，化之以实，是无功而显，无劳而富也。如此，则士之有二心私学者，焉得无深虑、勉知诈、与诽谤法令以求索，与世相反者也。凡乱上反世者，常士有二心私学者也。故《本言》曰：'所以治者法也，所以乱者私也，法立，则莫得为私矣。'故曰：道私者乱，道法者治"。韩非子推行法治的目的是保护战国时期新兴地主尤其是军耕地主的利益，面对强大的贵族势力，他借重的是君主一人的权力来推行法治。在战国时期各国争雄的情势下，为了保证变法的成功，韩非子强调加强君主专制，主要不是为了保护下层人民的权利和自由，而是为了镇压人民的自由。

三　倾向人性本恶

韩非子认为人性自私，这是法家法治观得以提出的根本原因。韩非子认为人皆有"自为心"或"计算之心"，如他在《韩非子·外储说左上》中指出的"夫卖庸而播耕者，主人费家而美食……皆狭自为心也"。他认为这种好利恶害的人性是人面对生存问题时客观产生的，在君臣父母子女夫妻之间普遍存在，因此，人与人之间不能互相信任，就像他在《韩非子·备内》中所说"夫以妻之近与子之亲，犹不可信，则其余无可信者矣"。因此，他认为君主企图用仁义道德关系来调节人际关系丝毫无用，君主的统治方法就是"抱法处势任术"。韩非子给了法律以根本的地位。

正是基于人性自私这样的人性论，法家专门进行了圣人之治的批判。慎子在《慎子·威德》中指出，"法虽不善，犹愈于无法，所以一人心也"。尹文子在《尹文子·大道下》中指出："圣人者，自己出也。圣法者，自理出也。理出于己，己非理也。己能出理，理非己也。故圣人之治，独治者也。圣法之治，则无不治矣。"他们还指出了人治的种种弊端。韩非子指出人治具有随意性，圣人之治根本就不能在复杂的社会生活中实现，就像韩非子在《韩非子·用人》中讲到的"释法术而任心治，尧不能正一国。去规矩而妄意度，奚仲不能成一轮"。法家与老庄一样批判人之智慧，但却为以法治国理念的推出提供了辩护。《慎子·民杂》指出："君之智，未必最贤于众也，以未最贤而欲以善尽被下，则下不赡矣。若使君之智最贤，以一君而尽赡下则劳。劳则有倦，倦则衰，衰则复反于不赡之道也。"韩非子注意到了法治对社会稳定的维护作用，在《韩非子·八经》中讲到了"上下贵贱相畏以法，相诲以和"的思想。

在先秦诸子中，道家以及儒家和墨家都对社会弱势群体予以特别关注，唯独法家对待社会贫困者特别冷酷。韩非子在《韩非子·奸劫弑臣》中讲道："夫有施与贫困，则无功者得赏；不忍诛罚，则暴乱者不止。国有无功得赏者，则民不外务当敌斩首，内不急力田疾作，皆欲行货财，事富贵，为私善，立名誉，以取尊官厚体。故奸私之臣愈众，而暴乱之徒愈胜，不亡何时！"即使在现代法治国家里，弱势群体的权利已经得到了相当大的改善，但是在多数政治哲学家的眼里，这部分群体仍然是考察社会公平正义的一个重要视点。

四　钳制思想自由

法家反对多元的思想，在《韩非子·说疑》中讲道"是故禁奸之法：太上禁其心，其次禁其言，其次禁其事"。法家和老庄都有反智的倾向，但是法家的反智主义导向了法治专制主义，正如《韩非子·五蠹》中指出的"今修文学、习言谈，则无耕之劳而有富之实，无战之危而有贵之尊，则人孰不为也？是以百人事智而一人用力，事智者众则法败，用力者寡则国贫，此世之所以乱也。故明主之国，无书简之文，以法为教；无先王之语，以吏为师；无私剑之捍，以斩首为勇。是境内之民，其言谈者必轨于法，动作者归之于功，为勇者尽之于军"。《韩非子·显学》中讲"自愚诬之学、杂反之辞争，而人主俱听之，故海内之士，言无定术，行无常议。夫冰炭不同器而久，寒暑不兼时而至，杂反之学不两立而治，今兼听杂学缪行同异之辞，安得无乱乎？听行如此，其于治人又必然矣"。如果说墨家的"尚同"在内容上是模糊的话，那么法家的"一元主义正义观"则是唯法是尊、排斥异说的，就像韩非子在《韩非子·诡使》中讲到的"夫卑名位者，必下之不从法令、有二心无私学、反逆世者也，而不禁其行，不破其群，以散其党，又从而尊之，用事者过矣"。韩非子的思想文化政策体现了以君主利益为出发点的特征，后来秦皇嬴政的"焚书坑儒"即采纳了先秦法家文化专制的主张。老庄的反智主义则导向了自由主义，庄子以"人皆有智"而要求统治者去除自我中心主义，以虚静之心包容各种价值观。这是因为庄子认为在各自疆域内形成和起作用的价值观必然是相容的，不会相互排斥与冲突，背后暗含的是庄子价值观平等的观念。韩非子认为人民甚至是臣子对智慧的追求会导致社会秩序和价值观的混乱，因而反对人民自主地追求智慧和自主选择价值观。

韩非子非但不给人民自由，对追求自由、不愿意纳入专制统治中的隐士是主张极力镇压甚至予以杀害铲除的。韩非子在《韩非子·外储说右上》中讲"赏之誉之不劝，罚之毁之不畏，四者加焉不变则除之"，并使用了周朝大臣吕望迫害隐士狂矞、华士昆弟二人的故事来说明自己的主张，"太公望东封于齐，齐东海上有居士曰狂矞、华士昆弟二人者立议曰：'吾不臣天子，不友诸侯，耕作而食之，掘井而饮之，吾无求于人也。无上之名，无君之禄，不事仕而事力。'太公望至于营丘，使执而杀之以为首诛"。其原因是"彼不臣天子者，是望不得而臣也；不友诸侯者，是望不得而使也；耕作而食之，掘井而饮之，无求于人者，是望不得以赏罚劝禁也。且无上之名，虽知，不为望用；不仰君禄，虽贤，不为望功。不仕，则不治；不任，则不忠。且先王之所以使其臣民者，非爵禄则刑罚也。今四者不足以使之，则望当谁为君乎？不服兵革而显，不亲耕耨而名，又所以教以国也。……亦骥之不可左右矣，是以诛之"。此则故事或属韩非子的虚构，但他意识到了隐士的自由精神与专制统治的对立，以及对专制统治的挑战，因此他对隐士的仇视态度是特别强烈的。

法家作为新兴地主阶级的代表，看到法限制贵族、保障新兴地主利益的重要功用，试图借助强有力的君主专制推行法治，达到新兴地主阶级取代旧贵族的政治变革。道德与法律相辅相成，建构公平、正义的社会秩序，不能仅凭道德或仅凭法律为手段。道德与法律的关系，犹如阴与阳的关系，不能缺失其中的任何一面，法律在惩罚恶方面起着更好的治理效果，道德在推动法和其他社会制度的完善、发扬人道精神方面起着不可或缺的作用。

第四章

墨家的正义思想

"义"在《墨子》中有自己的特殊含义，是一个重要的关键词。《墨子》认为"万事莫贵于义"。然而，对于"义"到底是什么，《墨子》一书却说得十分含糊，没有清楚的界定。事实上，对概念缺乏清晰的定义，是先秦诸子的共同特点。不过，我们通过研读《墨子》一书，发现它所说的"义"，具有丰富的内涵。

第一节 "义"是公义

墨家在《墨子·尚同》篇中已经提出了"同一天下之义"的主张，如《尚同下》："墨子曰：'唯能以尚同一义为政，然后可矣。'……古者天之始生民，未有正长也……是一人一义，十人十义，百人百义，千人千义。逮至人之众，不可胜计也，则其所谓义者，亦不可胜计。此皆是其义而非人之义，是以厚者有斗而薄者有争，是故天下之欲同一天下之义也，是故选择贤者立为天子"。就是说，"选择贤者立为天子"是为了在一人一义的混乱情况下确立公义，以使财富名位之分配有一个公认的标准或原则。

证明墨家"义"有公义这一意思还有一则材料，见于《墨子·贵义》："墨子曰：'万事莫贵于义。'今谓人曰：'予子冠履而断子之手足，子为之乎？'必不为。何故？则冠履不若手足之贵也。又曰：'予子天下而杀子之身，子为之乎？'必不为。何故？则天下不若身之贵也。争一言以相杀，是贵义于其身也。故曰万事莫贵于义也。"值得注意的是"争一言以相杀，是贵义于其身也"这一句，根据上文可推知，此处所争者是"义"，而这个义与自己的手足身体无关，那么，所争者自然是"公义"，或者说是"公道"。

第二节　"义"以"利他"为要

墨家认为帮助需要帮助的人，是"义"的最基本的含义。《墨子·贵义》："子墨子曰：'……今有人于此，负粟息于路侧，欲起而不能，君子见之，无长少贵贱，必起之。何故也？曰义也。'"帮扶起不了身的负粟者为"义"，扶危济困为"义"，这是当时民间共识。春秋战国时期，素有任侠之风气，《墨子·经上》："任，士损己而益所为。"《经说上》："为身之所恶，成人之所急。"这是对任侠的最准确的描述。事实上，墨家弘扬了任侠者流的扶危济困精神，从《公输》篇看，墨家为了帮助弱国自卫，真正做到了"摩顶放踵利天下"、赴汤蹈火必为之。墨家"义"的利他性，正是在于将"利他"推广到了利天下，要用"义"来救世。《墨子·贵义》："子墨子自鲁即齐，过故人，谓子墨子曰：'今天下莫为义，子独自苦而为义，子不若已。'子墨子曰：'今有人于此，有子十人，一人耕而九人处，则耕者不可以不益急矣。何故？则食者众，而耕者寡也。今天下莫为义，则子如劝我者也，何故止我。'"如何通过"为义"而救天下呢？《墨子·尚贤下》提出："有力者疾以助人，有财者勉以分人，有道者劝以教人。"《墨子·鲁问》也有"有力以劳人，有财以分人"的说法。

有一个反复出现的词最能体现墨家"义"的利他性，这就是"兼"。《墨子·兼爱下》描绘了"兼士""别士"两种士人的形象，所谓"兼士"即是能够利他之人，"别士"就是严守利己原则的人。《墨子·兼爱下》接着说：人们不管自己能否做到"兼"，但在有事时总会依托兼士。由此，墨子断言："兼即仁矣，义矣。"请注意，这是明确说了"兼"即"义"，并且，还不止这一处，在《墨子·天志中》又有这样一段话："尧舜禹汤文武焉所从事？曰：从事兼，不从事别。兼者，处大国不攻小国，处大家不乱小家，强不劫弱，众不暴寡，诈不谋愚，贵不傲贱。观其事，上利乎天，中利乎鬼，下利乎人。三利无所不利，是谓天德。聚敛天下之美名而加之焉，曰：此仁也，义也。"这就是说，能"从事兼，不从事别"的，就是"义"。

第三节　"义"有公平正义的含义

兼就意味着打破人类个体生命以及家庭、家族和团体间的界限。《墨子·兼爱中》："然则兼相爱，交相利之法将奈何哉？子墨子言：'视人之国若视其国，视人之家若视其家，视人之身若视其身。'"这与孔孟儒家所主张的亲疏有别、爱有差等，是大为不同的。

墨家主张"强不劫弱，众不暴寡，诈不谋愚，贵不傲贱"，这已经是在诉求公平、平等。《墨子·尚贤上》又提出了"官无常贵，而民无终贱，有能则举之，无能则下之，举公义，辟私怨"的主张，这实际上是要求机会兼顾，机会均等，进一步扩充了"兼"的含义。还有，墨家的"节用""非乐"主张，也体现"兼"的原则。因为君主、达官们如果大兴土木，就要无休止地征发劳役；大办歌舞，舞衣等物均要民女供给。而这些都是无偿的，并不能像今天这样有增加劳动者收入、拉动消费的效应，却反而会耽误了平民平时的营生。君主、达官和富人大蓄姬妾又会造成大量旷夫。墨子反对君王权贵肆意铺张和大量"蓄私"，认为其"不义"，实质上反映了庶民在生存权利、生育权利上要求公平的呼声。

基于《墨子》在公平正义诉求方面的特点，有的学者甚至认为《礼记·礼运》"大同"章反映的是墨家的思想。①

----

① 孙中原：《墨学与现代文化》，中国广播电视出版社 2005 年版，第 36 页。

第四节　行"义"的理由

墨家"义"既然主张利他，主张公平，那么有一个问题就必须回答：人为什么一定要利他、要公平？于是，《墨子》给出了必须行"义"的两大理由。

第一，墨翟认为"义自天出"，而人必须遵循"天志"。《墨子·天志中》："然则义何从出？子墨子曰：'义不从愚且贱者出，必自贵且知者出。'……然则孰为贵？孰为知？曰天为贵、天为知而已矣。然则义果自天出矣。"照此推论，行义就是行天道，就是替天行道。古代希腊人大多认为正义的美德源于人的自然本性追求和谐的需要，而到中世纪大神学家托马斯·阿奎那则认为上帝创造并维系世界，人的自然本性从一开始就受超自然融合。那么，作为希腊传统的四枢德之一的正义（justice），就是源于上帝的恩典注入（grace - infused）。这与《墨子》的"义自天出"说十分契合。

第二，《墨子》从"义利合一"的角度，论述行"义"的必要性。《墨子》是这样从"利"来推论"义"的："我利人人"为"义"，如果每个人都这样做，那么，就会出现"人人利我"的局面，则其时我亦得其利。《墨子·兼爱下》："姑尝本原之先王之所书，《大雅》之所道曰：'无言而不仇，无德而不报。投我以桃，报之以李。即此言爱人者必见爱也，而恶人者必见恶也。"'"义"即最大的"利"，所以，《墨子·经上》说"义，利也"。

第五节　"义"与"不义"

当然，《墨子》有时也在守本分、得其所应得的意思上使用"义"这个词，承认得其所应得为"义"，贪其所不应得者为"不义"。如《墨子·非攻上》用现实生活中偷人财物来类比攻人之国，将窃取非己所有的东西的行为均斥为"不仁义""不义"。另外，与"得其应得"相关，无功不受禄，这在先秦是公认的义，也是墨家义的原则。《吕氏春秋·高义》中记载了墨子之弟子公上过向越王推荐自己的老师，越王虽不欲用墨家之说以治国，但表示"子之师苟肯过我，请以故吴之地阴江之浦书社三百以封夫子"。墨子听说后断然拒绝。

第六节　墨家的正义思想评析

中国传统经济理论中的"取予有度"的分配思想与马克思主义经济学中的"按劳分配"理论有着近似的理论基础。

马克思在对未来社会主义个人消费品分配与资本主义个人消费品分配进行对比分析时，提出了社会主义个人消费品的按劳分配原则。他在 1885 年的《哥达纲领批判》一文中写道："在一个集体的、以共同占有生产资料为基础的社会里，生产者并不交换自己的产品……个人的劳动不再经过迂回曲折的道路，而是直接地作为总劳动的构成部分存在着"，因此，"每一个生产者，在作了各项扣除以后，从社会方面正好领回他所给予社会的一切。他所给予社会的，就是他个人的劳动量。他从社会方面领得一张证书，证明他提供了多少劳动（扣除他为社会基金而进行的劳动），而他凭这张证书从社会储存中领得和他所提供的劳动量相当的一部分消费资料，他以一种形式给予社会的劳动量，又以另一种形式全部领回来"[1]。对于未来的社会个人消费品是否还可以按生产要素进行分配，马克思没有说，但可以从他的按劳分配思想推断是持否定态度的。后来列宁将它概述为"按等量劳动领取等量产品"，即"按劳分配"。

传统经济思想注意到不能使贫富差距过大，以免打破社会均衡而导致社会动乱。老子说："天之道，损有余而补不足"，只有用有余来补不足，把有余者的一部分财富拿来补给不足者，社会财富才能趋于平衡，才能达到共同富裕的目标。实际上就是说让消费者来参与利润

---

① 《马克思恩格斯选集》第 3 卷，人民出版社 1995 年版，第 10—11 页。

的分配，才符合自然界的发展的基本规律。《周易》第六十一卦《中孚》卦里说："我有好爵，吾与尔靡之。"这就是说我有利润，你我共同分享。这充分体现了中国古代传统文化中共同富裕的理论思想特征。这些有益的思想同我们接受马克思主义经济学理论提供了文化条件。

综前所述，儒、道、法、墨各家的社会正义学说，都与当时社会紧密联系，都是给当时混乱巨变中的社会开出的治世良方。任何社会都需要一定的伦理道德规范，因此儒家学说有历久弥新的价值；任何社会都需要对等级制度的批判，向往自然而和谐的社会关系，所以老庄的思想影响绵延不绝；任何社会都需要发扬利他精神，所以墨子的"兼爱"说至今为人追求；任何社会都需要"法"治理国家，所以法家的法治思想受到了古代统治者的推崇，因此它们又都有超越时代与国界的普遍意义。它们之间既有对立，又有统一，相辅相成地共同创造了中国先秦时代灿烂的政治文化资源。但是，从古为今用的角度来看，中国传统正义思想虽然与马克思主义价值观不同，但它不仅是我们学习马克思主义价值观的思想基础，又是建立有中国特色社会主义价值观的思想源泉。要想将马克思主义中国化，关键是要立足当代中国社会主义现代化建设实际需要，以马克思主义价值观为指导对其进行批判继承。

第三编

对罗尔斯《正义论》的审视

　　马克思主义正义观是建立在历史唯物主义基础之上的，其科学性不容置疑，但是长期以来由于各种原因致使这一理论的发展滞后于实践发展的需要。在新的时代条件下，必须坚持以马克思主义哲学方法论为基础，努力吸收西方当代政治哲学的有益成果，并且结合中国当代现实情况对其进行丰富和发展。基于此，我们试图通过考察当代西方的正义思想成果，尝试以更开放的视界来完善相关论证，注重就一些重大理论问题进行对话交流，从而开显唯物史观更为广阔的思想图景。通过对马克思主义与罗尔斯正义理论的比较研究，不仅可以实现对两种正义观的理论内容和实质的科学认识，而且还可以在合理借鉴罗尔斯正义观的基础上实现对马克思主义正义观的丰富和发展。

　　罗尔斯著作不多，但在西方学术界影响很大。1951 年发表的《用于伦理学的一种决定程序的纲要》是他的第一部著作，以后他专注于社会正义问题，并潜心构筑一种理想性质的正义理论，后来陆续发表了《作为公平的正义》《宪法的自由和正义的观念》《正义感》《非暴力反抗的辩护》《分配的正义》《分配的正义：若干补充》等文章。1971 年出版发行了他影响最大的一部书《正义论》，作为对《正义论》一书思想的延续，1992 年又出版了《政治自由主义》一书，1999 年他出版了最后一部专著《万民法》。《正义论》作为罗尔斯最著名的代表作，集中阐述了他的正义理念。该书是他集二十余年的潜心研究成果而完成的一部政治伦理学巨著，它以社会政治道德问题为研究主体，兼及政治学、哲学、法学、经济学等诸多领域，自成体系，独树一帜，被誉为"二战后伦理学、政治哲学领域中最重要的理论著作"。罗尔斯正义论思想不仅在美国引起了巨大反响，而且在整个西方备受重视，产生了轰动性影响。哈贝马斯指出："在最近的实践哲学史上，约翰·罗尔斯的《正义论》标志着一个轴心式的转折点，因为它将长期受到压抑的道德问题重新恢复到严肃的哲学研究对象的地位。"① 这是对罗尔斯《正义论》的经典评价。

_____

① ［美］罗尔斯：《政治自由主义》，万俊人译，译林出版社 2000 年版，第 560 页。

第一章

罗尔斯正义论思想的主要内容

罗尔斯的正义论思想规模宏大、涉及面广，具有严谨的逻辑结构。概括来说，他的思想主要包括两个正义原则和三个优先原则。其中"正义优先于善"思想是罗尔斯正义论思想的核心观点之一，也是当代政治哲学和伦理学中引起广泛关注和讨论的前沿性问题。

第一节　正义的原则

罗尔斯正义理论的主要对象是社会基本结构，与此相应，他的两个正义原则适用于社会基本结构的两大部分：第一正义原则适用于有关公民政治权利部分；第二正义原则适用于社会和经济利益部分。两个正义原则结合起来正好体现了西方社会"自由、平等、博爱"三大价值理念。

第一个正义原则，也称平等自由原则。"每个人对于平等的基本自由的完全充分的体系都有一种平等的权利，这种自由的体系是与对所有人而言相似的自由体系相容的。"[①] "在正义的第一原则中，平等的基本自由可以具体表述为下列项目：思想自由和良心自由，政治自由和结社自由；由个人自由与'人格'完整性所具体规定的那些自

---

① ［美］罗尔斯：《正义论》，何怀宏等译，中国社会科学出版社 1998 年版，第 302 页。

由；最后是法律规则所包含的各种权利。"① 罗尔斯作为新自由主义
者，将自由作为核心价值是理所当然的，但要看到，罗尔斯不仅强调
自由，而且更强调平等的自由。罗尔斯认为只有坚持平等的自由才是
真正地坚持自由，如果不在自由前面加上"平等"这一严格的限制条
件，那么就有可能或者是各人自行其是的无政府状态，或者是名义上
多数人享有自由的专制状态。罗尔斯强调，真正的自由总是意味平等
的自由，对自由的限制，不能以福利、效率为理由，而只能根据自由
自身为理由，即自由只能为了自由的缘故而被限制。

　　第二个正义原则，也称差别原则。"社会和经济的不平等应这样
安排，使它们：（1）在与正义的储存原则一致的情况下，适合于最少
受惠者的最大利益（机会的公平平等原则）；并且（2）依系于在机
会公平平等的条件下职务和地位向所有人开放（差别原则）。"②

　　机会的公平平等原则要求各种职务和地位不仅要在一种形式的意
义上开放，而且应使所有人都有平等的机会达到它们。罗尔斯在这里
特别强调机会的平等，他认为那些有着类似能力或才干的人也应当有
类似的生活机会、有类似的前景、有类似的手段和资源去达到他们所
期望的职务和地位，而不管他们在社会体系中的最初地位是什么，不
管他们生来是属于什么样的收入阶层，是贫穷还是富裕。"在社会的
所有部分，对每个具有相似的动机和禀赋的人来说，都应当有大致平
等的教育和成就前景。那些具有同样能力和志向的人的期望，不应当
受到他们的社会出身的影响。"③ 这一原则排除了社会偶然因素对人们
前景的影响，使类似能力的人不再因其社会出身而前途受到影响。

　　罗尔斯强调平等，但也承认在现实生活中人们由于出身、家庭、
能力等各方面都存在差异，为了消除由这些差异的存在而导致的不平
等，他提出了差别原则。罗尔斯认为，社会的不平等应该这样安

---

　　① ［美］罗尔斯：《政治自由主义》，万俊人译，译林出版社2000年版，第309页。

　　② ［美］罗尔斯：《正义论》，何怀宏等译，中国社会科学出版社1998年版，第
302页。

　　③ 同上书，第11页。

排——只有在合乎最不利者的最大利益的前提下，经济利益的不平等才被允许，也就是说，社会在允许差别时，必须最优先地考虑最弱势群体的利益。

第二节　正义实现的原则

从上述原则出发，罗尔斯提出了实现公平三原则：自由的原则、机会的平等原则、差别原则。其中，第一个原则优先于第二个原则，第二个原则优先于第三个原则。这既体现了自由，又体现了平等，最重要的是没有忽视差别这种事实，这就反映了"合乎最少受惠者的最大利益"的公平基准。

第一个优先原则，"第一个优先原则（自由的优先性）——两个正义原则应以词典式次序排列，因此，自由只能为了自由的缘故而被限制。这有两种情况：一种不够广泛的自由必须加强由所有人分享的完整自由体系；一种不够平等的自由必须可以为那些拥有较少自由的公民所接受"①。第一个优先原则又称为自由的优先性，实际就是指正义第一原则优先于正义第二原则。这里的优先主要包括三个方面：一是第一原则对于第二原则有一种总的精神上的影响力和指导意义。在罗尔斯看来，这种优先是强调第二原则的运用应该永远在体现正义第一原则的背景制度内进行。在这一背景制度下，政治自由的公平价值将得到保证，拥有相似天赋和动机的公民大体上具有影响政治和获得政府职位的机会，而不论他们处于什么样的经济地位和社会阶层。二是对第一原则的违反不可因较大社会经济利益的补偿而得到辩护，第一原则维护的是公民的基本权利与自由，这一基本权利与自由不仅是平等拥有的，而且是无价的，是不可进行交换的。但第二原则涉及可比性的地位、财富与收入，涉及可量化财富的分配，而公民对自己所

① ［美］罗尔斯：《正义论》，何怀宏等译，中国社会科学出版社1998年版，第302页。

得的财富是可以进行交换的。三是第一原则对于第二原则的优先性，还体现在第二原则必须始终体现第一原则的平等精神，这种平等是至高无上的，不能以任何借口来反对。罗尔斯说"不能以这样的借口来拒绝某些群体拥有平等的政治自由，即使他们所拥有的这些自由可能会使他们反对有利于经济增长和提高效率的政策"①，也就是说，不能以效率来牺牲平等。在罗尔斯看来，如果因坚持平等而影响效率，那也是可以允许的，但坚决不能因效率而影响平等。

第二个优先原则，"第二个优先原则（正义对效率和福利的优先）以一种词典式次序优先于效率原则和最大限度地追求利益总额的原则，公平机会原则又优先于差别原则"②。首先，就效率或功利自身来说，是非自足和不充分的，效率价值的贯彻自身就离不开我们对于正义价值的追求。任何一个社会，任何一种制度，其效率的维持和提高，都离不开其对于正义价值某种最低限度地追求。每一种制度的选择都只能在某个正义与效率统一的区间内进行，因此，问题就是要选择一种既有效率同时又符合正义原则的权利配置方案。罗尔斯认为两个正义原则做到了这一点，超越了单纯地对效率的考虑，而且是以一种与它相容的方式超越的。其次，公平机会原则优先于差别原则。机会的公平平等原则要求那些具有类似的期望和成就前景的人，有类似的手段和资源去达到他们所向往的职务和地位，而不管他们的社会出身是什么。差别原则是对机会的公平平等原则的补充，其主要目标是要求减少自然偶然因素对人们前景的影响，其包括两个要求：其一，一种机会的不平等必须扩展那些机会较少者的机会；其二，一种过高的储蓄率必须最终减轻承受这一重负的人们的负担。

第三个优先原则——正义优先于善。正义优先于善是最重要的优先原则。"正义"（正当）与"善"是伦理学的两个基本概念，二者

---

① ［美］罗尔斯：《正义论》，何怀宏等译，中国社会科学出版社 1998 年版，第 11 页。

② 同上书，第 303 页。

中何为优先的问题正是划分西方伦理思想史上目的论与义务论的根本依据。目的论认为善是独立于正当的，是更优先的，是我们判断事物正当与否的根本标准；正当则依赖于善，正当就是最大限度的善或符合善的东西。根据对善的不同解释相应地存在着各种各样的目的论，如功利主义、快乐主义、至善论等。义务论则与目的论相反，认为正当是独立于善的，是更优先的，康德就是义务论的一个突出代表。罗尔斯认为他的作为公平的正义理论也是一种非目的论意义上的义务论，因此特别强调正义对善的独立性的优先性。罗尔斯明确指出"在作为公平的正义中，正当的概念是优先于善的概念的。一个正义的社会体系确定了一个范围，个人必须在这一范围内确定他们的目标。它还提供了一个权利、机会和满足手段的结构，人们可以在这一结构中利用所提供的东西来公平地追求他们的目标。正义的优先部分地体现在这样一个主张中：即那些需要违反正义才能获得的利益本身毫无价值。由于这些利益一开始就无价值，它们就不可能逾越正义的要求"①。在《正义论》中，罗尔斯将正当与善做了三点区别比较，最后指出"从上述对比中显然可以看出，在作为公平的正义这里，正义概念和善概念具有相当不同的特性。这些区别来自契约论的结构，来自由此产生的正当和正义的优先性"②。在《政治自由主义》一书中，罗尔斯明确提出了"正义（权利）优先于善"的观点，并将它作为政治自由主义的三个重要理念之一详细论述。在第五讲"权利（正义）的优先性和善的理念"的一开始，罗尔斯就强调"在我所谓的'政治自由主义'中，权利的优先性理念是一个根本要素，而在公平的正义中，该理念作为公平正义观点的一种形式具有其核心作用"③。罗尔斯之所以认为正义优先于善在公平的正义中具有核心作用，是因为该理念本身已经包含了前两个优先原则，前两个优先原则就是正义

---

① ［美］罗尔斯：《正义论》，何怀宏等译，中国社会科学出版社1998年版，第30页。

② 同上书，第453页。

③ 同上书，第184页。

优先于善理念的体现。第一优先原则强调自由平等的优先性，但怎样才能保证个人的平等自由，在罗尔斯看来，只有按公平的正义原则建构一种社会基本结构才能真正有效地保障每个人自由平等的权利；第二优先原则也叫正义对效率和福利的优先，该优先原则本身就说明了正义优先于功利善。

第三节　罗尔斯正义论思想的核心

一　"正义优先于善"思想解析与定位

（一）相关概念解析

1. 正义。"正义"一词的使用历史悠久，在中国先秦时期就有"正义"一词，如《荀子·正名》中就有"正利而为谓之事，正义而为谓之行"，在古希腊，巴门尼德、柏拉图、亚里士多德等都已经开始讨论正义问题。但那时候，哲人们将正义主要用于人的行为，如柏拉图认为"正义就是只做自己的事而不兼做别人的事"。然而，在现代西方思想家那里，"正义"概念越来越多地被专门用作评价社会制度的标准。在罗尔斯的思想体系中，正义也是用来衡量社会制度的标准，正义就是社会的德性，是社会的首要价值。罗尔斯说"正义是制度的首要价值，正像真理是思想体系的首要价值一样"①，"正义的主要问题是社会的基本结构，或更准确地说，是社会主要制度分配权利和义务，决定由社会合作产生的利益之划分的方式。所谓主要制度，我的理解是政治结构和主要的经济和社会安排"②。之所以将社会基本结构作为正义的主题，是因为在罗尔斯看来，"社会结构对人的影响十分深刻并且自始至终"③。在一定的社会结构中，人们由于家庭出身、所处阶级、经济条件等各种因素而处于不同的社会地位，不同地

---

① ［美］罗尔斯：《正义论》，何怀宏等译，中国社会科学出版社1998年版，第1页。
② 同上书，第7页。
③ 同上书，第7页。

位的人们有着各不相同的生活前景，这些生活前景部分地是由于政治体制和经济社会条件决定的。这样，社会制度就使某些人的出发点比另一些人的出发点更为有利，这种出发点的不平等是一种特别深刻的不平等，它是个人无法进行选择的，这种不平等不仅涉及面广，而且影响到人们在生活中的最初机会。因此，一个正义的社会就是要依靠某种原则来建构社会主要制度，来从全社会的角度处理这种出发点的不平等，尽量排除社会历史和自然方面的偶然任意因素对于人们生活前景的影响。在罗尔斯看来，以正义两原则建构起来的社会制度才是正义社会，因为两个正义原则是人们在原初状态的无知之幕的条件下，排除各种偶然不平等因素对人们的影响而选择出来的原则。罗尔斯认为，正义社会是秩序良好的社会，其主要特征有三个：在该社会里，每一个人都接受并知道所有其他人也会接受并公共地认可相同的正义原则；其基本结构——它的主要政治制度和社会制度，以及它们如何一起构成一个合作系统的方式——乃是大家都知道或有充分理由相信能够满足那些正义原则的；公民们都具有一种正常有效的正义感，是说都具有一种使他们能够理解并运用正义原则的正义感，而且在大多数情况下他们都能在其条件的要求下按照这些原则来行动。

罗尔斯对"正义"的概念和正义的观念这二者作了区分。"正义"的概念是指用于制度时的道德或正当，也就是说"正义"的概念是主要用来衡量社会制度是否道德，而正义的观念则是指究竟人们用什么来衡量一种社会制度是否道德。"正义"的概念是形式性的、一般的标示道德的指称，而正义的观念则是实质性的，是用来阐明道德内容的各种特殊观点。在罗尔斯的思想体系中，其"正义"的概念是指"在某些制度中，当对基本的权利和义务的分配没有在个人之间作出任意的区分时，当规范使种种对社会利益的冲突要求有一种恰当的平衡时，这些制度就是正义的"[1]；其正义的观念即正义的两个原则，即判断一种社会制度是否正义，主要看该社会制度建立的基础是否符合

---

[1]　［美］罗尔斯：《正义论》，何怀宏等译，中国社会科学出版社1998年版，第5页。

正义的两个基本原则。

需要特别说明的是，在罗尔斯的理论体系中，"正当""正义""权利"这三个概念具有相同的含义，在同一意义层次上使用。在英文中，"right"既可翻译为"正当"，也可翻译为"权利"。"正当"既可以指个人，也可以指社会，是一个一般的概念，正义可以包含在正当之中，正义在某种意义上可以说是正当的一个子范畴，正义即应用于社会制度时的正当，它常常被用来指社会的德性。在罗尔斯看来，当我们说一种社会制度是正义的，其实质上就是指这个社会能够保证所有的公民能够平等地享有所有的权利，这三个词的内涵是一致的。龚群在《罗尔斯政治哲学》中就指出"把符合个人权利的或人权的看作正义的，即把权利看作正义，这种正义观是符合古罗马以来对正义的解读的"①。因此，"正义优先于善"这一命题也可表述为"正当优先于善""权利优先于善"。

2. 善。在中文里，我们常用"好"来表示一般的人所欲求的目标，而用"善"来表示所欲求的对象中那一部分具有道德正当含义的目标，"好"比"善"的含义更为宽泛，二者存在一定的差异。在英文中，"好"和"善"都是用同一个词"good"来表示，二者的含义相同。罗尔斯对"善"的论述比较复杂，他所谓的"善"相当于我们平时所说的"好"，其含义广泛，既包括社会善如功利，也包括个人善如德性。在《政治自由主义》中，他列举了五种善。

（1）作为合理性的善。"第一种善理念——作为合理性的善，是几乎任何一种政治的正义观念都可以用某种变通的形式来姑且认可的善理念。该善理念假设，一民主社会的成员具有（至少在直觉方面具有）一种合理的生活计划，他们按照这种合理的生活计划来安排他们较为重要的追求，培植他们各种生活资源（包括那些精神资源、体力资源、时间资源和能源资源），以使以一种如果说不是最合理的至少

_____

① ［美］罗尔斯：《正义论》，何怀宏等译，中国社会科学出版社1998年版，第43页

也是一种敏感的（或令人满意的）方式在他们的整个生活中追求他们的善观念。"①

（2）基本善，基本善也叫首要善。罗尔斯指出，"基本善，像我已经指出过的，是指那些被假定为一个理性的人无论他想要别的什么都需要的东西。不管一个人合理计划的细节是什么，还是可以假定有些东西是他会更喜欢的，如果这类善较多，人们一般都能在实现他们的意图和接近他们的目的时确保更大的成功"②。

（3）可选择的完备性善观念，即那些与普遍的完备性学说相联系着的善的理念。"当一观念使用于一广泛的主题范围时，我们就说该观念是普遍的；而当一观念包含着人生价值的观念，以及个人美德和品格理想，并提供大部分有关我们非政治行为的信息时，我们便说该观念是完备的。"③

（4）政治美德的理念。"自由主义仍然可以认可某种道德品格的优越性并鼓励某些道德美德。因此，公平正义包括对某些政治美德的解释——诸如公民美德与宽容的美德、理性的正义感的美德这类进行公平社会合作的美德。"④

（5）政治社会的善理念。"在公平的正义中，第五个善理念是政治社会的善理念，更具体地说，是公民们在维护立宪政体并管理该政体事务的过程中实现他们作为个人和作为合作实体的善。"⑤

当我们讨论功利、正义和善三者之间的关系时，是将它们对立起来放置于不同的领域来考虑的，这时的善就仅指道德性的善，超验性的善，就是我们传统"儒家的仁义道德、佛教的般若智慧、道家的生命眷恋"，也即罗尔斯所说的与各种合乎理性的宗教学说、哲学学说

---

① ［美］罗尔斯：《政治自由主义》，万俊人译，译林出版社 2000 年版，第 187 页。

② ［美］罗尔斯：《正义论》，何怀宏等译，中国社会科学出版社 1998 年版，第 93 页。

③ 同上书，第 186 页。

④ ［美］罗尔斯：《政治自由主义》，万俊人译，译林出版社 2000 年版，第 206 页。

⑤ 同上书，第 213 页。

和道德学说相联系的善。

3. 功利。"utility" 这一词，可译为"功用"或"效用"，将该词译为"功利"，始于 19 世纪末 20 世纪初，是近代学者翻译西方学术著作时所用的中文概念。如严复在《天演论》中说"大抵东西古人之说，皆以功利为道义相反，若薰莸之必不可同器"①。在现代，"功利"是功利主义的核心概念，是指幸福、快乐、欲望的满足。功利主义的创始人边沁对"功利"的界定是"任何行为中寻向幸福的趋向性，我们称之为功利；而其中背离的倾向则称为祸害"②。他指出"功利原则是这样一个原则，它根据增加或减少当事人的幸福的倾向来认可或拒绝一种行为，我指的是任何一种行为，不仅包括任何私人行为，也包括政府的任何措施"③。以休谟、边沁、密尔、西季威克为代表的功利主义与历史上以伊壁鸠鲁为代表的快乐主义是有区别的。古代快乐主义主要强调"幸福"的主观、心理方面，或者说强调心理上的快乐感受，而现代功利主义更强调"幸福"的客观性、可见利益与效用的一面；快乐主义的幸福是以个人、自我幸福为主体，而功利主义更强调社会整体或大多数人的幸福。边沁的"满足最大多数人的最大幸福"公式是功利主义原则的一个简明扼要的概括。当代功利主义认为功利就是"满足最大多数人的最大幸福"。由此可以看出，功利是与幸福相联系的，功利是经验世界最基本的善。

4. 优先。在罗尔斯"正义优先于善"的命题中，优先是指我们在组织一个社会时（在建构社会秩序时），正义观念比善观念更为根本，正义是最基础、最根本的理念，善观念是在正义观念的基础上生成的，由正义观念决定。正义优先于善，说明了制度原则对个人原则的优先，个人的任何善观念都必须在正义的制度原则下形成和发展，个人原则必须受到制度原则的限制。罗尔斯指出，"在公平的正义中，

---

① 《严复文选》，卢文昆选编，上海远东出版社 1996 年版，第 338 页。

② 周辅成：《西方伦理学名著选辑》下卷，商务印书馆 1987 年版，第 212 页。

③ ［英］密尔：《功用主义》，商务印书馆 1957 年版，第 7 页。

这一限制是通过权利的优先性表达出来的。因之，在其普遍形成上，这种优先性意味着，可允许的善理念必须尊重该政治正义观念的限制，并在该政治正义观念的范围内发挥作用"①。罗尔斯强调正义优先于善，强调正义观念对善观念的决定作用，但他并没有因此否定善的重要意义，正如他在《政治自由主义》中所指出的"人们对这种优先性可能会产生种种误解。比如说，人们可能会认为，该优先性意味着，一种自由主义的政治正义观念根本无法使用任何善的理念，也许那些纯粹工具的善理念是个例外。这种看法肯定不正确，因为正当（权利）与善是相互补充的，任何正义观念都无法完全从权利或善中抽演出来，而必须以一种明确的方式将权利与善结合起来。权利的优先性并不否认这一点"②。罗尔斯作为温和的义务论者，并没有割裂正义（正当）与善的关系，他认为正当与善存在着某种关系，在实践中正当行为要考虑到结果、效率，否则就很难说它是正当的。但正当并非依赖于善，正当并非是达到好的目标之手段，正当本身即为自在的目的，本身即自有价值，自有标准；善主要由正当决定的，善是一种最主要的好，而且定义好的时候不能脱离正当。

（二）概念的定位③

我们现在从人性的层次来讨论"功利""正义""善"这三个概念的定位问题。前面已经指出，罗尔斯的善，也就是一般意义上的"好"，它既包括社会善如功利，也包括个人善如德性。我们这里所讨论的善仅指道德意义上的善，是与功利相对立的善。我们知道一个个人的存在，既是自然性的存在者，又是精神性的存在者，还是社会性的存在者。因此一个人既具有自然属性，又具有精神属性，还具有社会属性。作为自然属性的人，他追求幸福价值，作为精神属性的人，他追求崇高价值或善价值，作为社会属性的人，他追求正义价值。

① ［美］罗尔斯：《政治自由主义》，万俊人译，译林出版社2000年版，第187页。
② 同上书，第184页。
③ 该部分参考了刘进田教授《论当代中国文化价值的一体三维结构》一文，详见刘进田《心灵的寻索》（中国政法大学出版社2002年版）。

　　1. 人的自然性。个人首先是一种自然存在物。马克思说"全部人类历史的第一个前提无疑是有生命的个人存在。因此第一个需要确认的事实就是这些个人的肉体组织以及由此产生的个人与其他自然的关系"①。有组织的感性个人所追求的是感性欲求的满足，他要求趋利避害、去苦求乐。其所遵循的原则就是弗洛伊德所说的"快乐原则"。这种感性欲求的满足状态就是幸福，在此幸福不是精神领域的价值，不是快乐主义所强调的主观上、心理上的幸福。依康德的解说，幸福是"人类欲望官能的一个特殊对象，是尘世上一个有理性的存在者一生中所遇事情都称心合意的那种状况"②。幸福是一个人要生存所必须追求的最基本的价值目标，它在人性的价值维度中处于最低层次。

　　2. 人的精神性。个人也是一种精神性的存在物。个人的精神性使其追求和寻觅有别于幸福价值的崇高价值。正如康德所说"人毕竟不是那种彻头彻尾的动物，以致对理性自身所说的一切也都漠不关心，而把理性只用为满足他作为感觉存在者的需要的工具。因为人虽然具备理性，然而，倘若理性仅仅有利于人达到本能在动物那里所达到的目的，那么在价值方面，这就完全没有使人升华到纯粹的动物之上。这样，理性仅仅是自然因素准备人以使其达到它规定动物所要达到的那个目标的特殊形式，而不给它规定更高的目标"③。理性不仅仅是人实现幸福价值的工具，理性尤其是实践理性本身就是价值，是超出动物之上的价值——崇高。崇高是不以感性功利为动机的"好的思想"。个人如无崇高价值就有可能将自己下委为动物。崇高价值在人性的价值维度中处于最高层次。

　　3. 人的社会性。个性自由的主体个人必须进入社会与同样具有个性自由的个人进行交往。在此，个人由独在进入"共在"，由主体性进入主体间性，个人具有了社会性，个人的社会性必然促使个人追求

① ［德］马克思、恩格斯：《费尔巴哈》，人民出版社 1988 年版，第 10 页。
② ［德］康德：《实践理性批判》，商务印书馆 1999 年版，第 127 页。
③ 同上书，第 66 页。

正义价值。因为进入社会的每个人都在寻求自己的幸福价值，这种追求幸福的活动如果没有节制和界限，个人之间就会发生冲突，阻碍个人幸福价值的实现。为解决个人之间的冲突，需要有正义价值，因为正义依康德的看法乃是"按照普遍的自由法则，一个人的意志能够与他人的意志相协调的条件的集合"①。正义价值在人性的价值维度中处于中间层次。罗尔斯从政治自由主义的立场出发，认为当我们建构一个社会时，既不能以低层次的功利善为基础，也不能以高层次的道德善为基础，而必须要以中层次的正义价值为基础。因为只有以正义价值为基础，才能真正地建构一个罗尔斯所说的"秩序良好的社会"。

二 "正义优先于善"之含义

从道德意义上看，正义是社会制度的首要德性，这意味着，正义原则限制了个人可能选择追求的德性观念，当个人的德性观念与正义发生冲突时，正义占支配地位，任何与正义不相容的价值都要被排除。在这个意义上，它反对功利主义的效果论，体现了社会正义对个人道德的优先性、决定性。

（一）正义是社会的首要德性

罗尔斯强调，社会的首要德性是正义而不是功利。罗尔斯的正义论不是个人正义论而是一种制度正义论，他强调制度的德性，强调正义是首先用来衡量制度的德性，而不是个人的德性。在《正义论》一书的开篇，他就强调"正义是社会制度的首要价值，正像真理是思想体系的首要价值一样。一种理论，无论它多么精致简洁，只要它不真实，就必须加以拒绝和修正；同样，某些法律和制度，不管它们如何有效率和有条理，只要它们不正义，就必须加以改造和废除"②。罗尔斯将正义视为社会制度的首要德性之原因和目的在于他反对功利主义的效果论，反对功利主义将"最大多数人的最大幸福"视为社会制度

---

① ［德］康德：《法的形而上学原理》，商务印书馆1991年版，第40页。

② ［美］罗尔斯：《政治自由主义》，万俊人译，译林出版社2000年版，第3页。

的首要德性。因为在他看来，只有在按照两个正义原则构建起来的社会制度下，才能真正保护每个人的平等权利不受侵犯，即使这种侵犯能带来更大利益，也是为公平的正义所否定的。他指出，"每个人都拥有一种基于正义的不可侵犯性，这种不可侵犯性即使以社会整体利益之名也不能逾越"①，"在一个正义的社会里，平等的公民自由是确定不移的，由正义所保障的权利决不受制于政治的交易或社会利益的权衡"②。罗尔斯作为自由主义者，视个人自由、个人权利为第一真谛，他反对功利主义的效果论对个人权利的侵犯。在道德意义上，他强调正义是社会的首要德性，而不是功利主义所主张的最大幸福才是社会的首要德性。

（二）制度的原则优先于个人的原则

罗尔斯正义理论的逻辑进程表现为：首先是确立两个正义原则，其次是依照两个正义原则来确定社会的基本结构及制度，由此再在体现正义原则的社会制度条件下培养个人的各种善观念。据此逻辑进程，可以清晰地看到在道德意义上，正义对善的优先体现了制度的道德原则优先于个人的道德原则，即社会正义原则优先于个人行为正当原则。罗尔斯认为，可以从契约论演绎出来一种完善的正当理论（或者说"公平的正义"），既包括对制度的原则，也包括对个人的原则以及国际法原则等。但在此有一种选择的先后次序，即对社会基本结构的原则要首先达成协议，然后是对个人的原则，最后是国际法的原则。对制度的原则有两个，大致相当于社会基本结构或社会主要制度的两大部分。第一原则即有关人们的基本权利、基本自由的原则，涉及有关国家性质的根本大法——宪法，旨在实现政治的正义；第二原则即有关人们利益分配的原则，涉及社会和经济方面的立法，旨在实现经济的正义或分配的正义。对个人的原则也可以分为两个方面：一方面是由公平的原则统摄的所有的社会要求，即对制度中人的要求，

①　［美］罗尔斯：《政治自由主义》，万俊人译，译林出版社2000年版，第3页。
②　同上书，第4页。

或者说对个人作为社会人、政治人的要求，这些要求可以统称为职责。要确定一个人由制度所带来的职责，就必须首先认定这一制度所提供的利益和机会，也就是说，个人的职责要以制度的正义为前提。另一方面是自然义务，这些义务——肯定性的如互助、互尊和公正；否定性的如勿杀人、勿伤害无辜者——与社会制度没有必然联系，对它们的履行也不以人们明确或隐含的同意或自愿为先决条件，它们真正是"自然的"，是在任何社会制度下都应当遵守的。罗尔斯指出，对有关制度的道德的选择，优先于对有关个人的道德原则选择，因为有关个人职责和义务的解释都明显地要涉及制度的道德，要以制度的正义为前提或包括对正义制度的支持。在考虑道德或伦理体系时，首先要考虑制度伦理，考虑它是否符合正义。制度伦理虽然不是最高的道德目标，但它却是最起码的、最根本的对每一个人都生死攸关的规范标准。在正义理论体系中，当原初状态中的人要建立一个社会时，就要首先选择有关根本制度的正义原则，然后才是制宪、立法和定规，并把大量的行为领域留给个人去创造和发挥。作为契约论的代表人物之一，卢梭也认为不能就个人道德而论道德，因为道德强烈地受到其他因素的影响，尤其是社会制度（主要是政治制度）的影响。他在自己的《忏悔录》中写道："我已看出一切都归结于政治，而且，无论我们怎样解释，一个民族的面貌完全是由它的政府的性质决定的。因此，什么政府是最好的政府这个大问题，可以转变为这样一个问题：究竟哪一种性质的政府才能使人民变成最道德的、最明智的、最富有学识的，从而是最好的人民呢？"[①] 马克思主义从历史唯物观出发，坚持社会存在决定社会意识，认为个人德性的培养、道德人格的发展，没有一定的社会保障就可能枯萎，更谈不上延伸和发展。从社会历史实践来看，如果把人类的其他追求、人类其他珍视的价值（一般意义上的"好"）都包括进来，那么制度的决定性意义就更明显了。

---

① ［法］卢梭：《忏悔录》，转引自何怀宏《公平的正义》，山东人民出版社 2002 年版，第 52 页。

一个人能够追求什么，其主要的方向在他诞生的那一刻就大致被限定了。他只能大致在社会制度给他规定的范围内追求他渴望的东西，很少有人能超越此界限。罗尔斯强调人类的幸福将以合理的社会制度为最基本的条件，这一社会制度至少应当努力消除那些人为的灾难和不平。罗尔斯之所以将制度本身的伦理和个人的道德伦理相区分，就是因为他反对功利主义的伦理原则。功利主义认为制度的伦理原则是个人伦理原则的延伸和扩大，罗尔斯对此进行了批评。他认为制度的伦理原则和个人的伦理原则不是同质性的东西，制度的伦理原则并非是个人伦理原则的简单延伸和扩大，前者优先于后者，对后者具有决定性意义。

（三）正义具有逻辑证明的优先性

这意味着，正义的优先性是一种证明的特权形式，也就是说，正义的优先性，不仅是指其要求在先，而且在于其原则是独立推导出来的，这意味着，与其他实践戒律不同，正义的原则是一种不依赖于任何特殊善观点的方式而得到辩护的。相反，权利还因其独立的特性约束着善并设定着善的界限。正义不仅独立于其他价值，而且也是评价其他价值的标准，正义原则是评价社会基本结构的"阿基米德点"。

正义不是一种完备性的学说。罗尔斯指出，现代民主社会是多种异质性的完备性（"comprehensive"，或译为全面性）学说共存的社会，"第一个事实是，在现代民主社会里发现的合乎理性的完备性宗教学说、哲学学说和道德学说的多样性，不是一种可以很快就消失的纯历史状态，它是民主社会公共文化的一个永久特征"①。在罗尔斯看来，这种现象的出现是自由制度的政治条件和社会条件所产生的结果，如果还没有产生这种多元性，也将会产生各种相互冲突而且合乎理性的全面性学说，并将长期存在下去。什么是学完备性学说？罗尔斯指出"若一道德观念适用于广泛的主题范围，并普遍地面向所有主题，则该道德观念便是普遍的。而当它包括各种有关人生价值、个人

---

① ［美］罗尔斯：《政治自由主义》，万俊人译，译林出版社 2000 年版，第 37 页。

品格理想，以及友谊、家庭和联合体关系的理想，乃至包括其他更多的能指导我们行为并限制我们人生的理想时，则它就是完备的"①。完备性学说以一种或多或少的方式涵括了人类生活的主要宗教、政治和道德的方面，它组织和描述那些得到该理论认可的价值观从而使得这些价值观互相包容，并且表达了一种可理解的世界观。每种全面性的学说通过特别重视某种价值观而相互区别开来。全面性学说是一种实践理性的实践，它调出一些它认为值得重视的价值，当它们冲突时，以它内在的价值观来平衡它们，功利主义就是人们所熟悉的一种全面性学说。罗尔斯进一步指出，这种理性多元的特征是任何一种全面性的学说都不可能得到所有公民的普遍的认同，他说"现在严重的问题是，现代民主社会的特征不仅是为一种全面性宗教学说、哲学学说和道德学说的多元性所表明，而且也为一种互不相容然而却又合乎理性的诸多全面性学说的多样性所表明。这些学说中的任何一种都无法得到公民的普遍确信，任何人也别指望在可预见的将来他们中的某一种学说或某种别的合乎理性的学说将会得到全体公民或几乎全体公民的确信。政治自由主义假定，出于政治的目的，一种合乎理性的然而又是互不相容的全面性学说的多元性，乃是一立宪民主政体的自由制度框架内人类理性实践的正常结果。政治自由主义假设，一种合乎理性的全面性学说并不拒斥一种民主政体的根本"②。既然任何一种合乎理性的宗教学说、道德学说和哲学学说都不能得到全体公民的一致认同，那么，在一个秩序良好的自由民主社会里，就不是依靠某种全面性学说，而是撇开现存的或可能存在的各种全面性学说，为立宪政体构造一种政治的正义观念，以使那些支持或可能支持这种政体的人认可这一政治观念。在罗尔斯看来，正义两原则就是这种正义的政治观念，即具有两个正义原则才能得到各种互不相容但却合乎理性的学说

①　［美］罗尔斯：《正义论》，何怀宏等译，中国社会科学出版社 1998 年版，第 13 页。

②　［美］罗尔斯：《政治自由主义》，万俊人译，译林出版社 2000 年版，第 242 页。

的支持。因为正义两原则是人们在无知之幕的原初状态下所有公民一致同意而选择出来的正义原则，它不是一种完备性学说，也不对任何一种完备性学说有所偏爱，它是在各种完备性学说的基础之上形成的重叠共识的核心。罗尔斯指出："为使这种政治的正义观念本身赢得人们的忠诚，我们不设置任何学说性的障碍，以便它能够得到一种理性而持久的重叠共识的支持。"① 这也就是说，在各种不同的学说之间寻求相互间的重叠共识面，这种共识是公民全体的观念，它是公民参与和支持民主政体的基础，也是确保民主政体得以持续稳定发展的基本理念的基础。

① ［美］罗尔斯：《政治自由主义》，万俊人译，译林出版社 2000 年版，第 41 页。

第二章

对自由主义正义思想的评析

马克思主义对自由主义，抑或说对资本主义制度作论证辩护的学说的批判，并不是就批判而批判，而是通过批判资本主义揭示自由主义思想的历史局限性，提出比自由主义更为进步的目标，由此，马克思主义正义观是基于批判和借鉴自由主义正义思想基础上发展而来的。

第一节 自由主义的正义观点

"自由"一词，在马克思的著作中并不少见，甚至贯穿马克思著述始终。他的博士学位论文对德谟克利特和伊壁鸠鲁两位哲学家的自然哲学之间的关系作出重新的解读，是要凸显自我意识的重要性，而自我意识的特质在于自由。尽管自由主义者对自由的具体内涵有不同的解读，但是万变不离其宗，它们均是在承认自由是个体的首要特征的基础上展开的。何为自由？不同于把自由理解为为所欲为、不受限制，康德提出了一个既严格又苛刻的定义，自由就是自主的行动和选择。人是因理性而变得独立自主，才区别于动物。他认为如果我们像动物那样仅仅追求感官的享受和欲望的满足，那只会成为这些感官和欲望的奴隶，这一过程按他的理解就是服从他律，而依他律而行，主体只是实现目的的一种手段，而不是实现目的的主人。因为自主的行动只能是遵从自我设定的目的，所以在一定程度上康德认为如果我们为了集体的利益而为，那主体仅是一种手段而非目的。这刚好解释了康德为何是一个自由主义者而非功利主义者。诺齐克将康德的这一思想绝对化，他认为人最基本的权利是享受自由的权利。在诺齐克看来，国家强制性地立法和对财产的再分配都是不公正的，他主张限制政府的权力，建立最小政府，而他提倡的公平正义的原则主要体现两方面，只要保障原始资本的正当性，同时市场交易过程遵循公平自愿的交换，那么就是正义的，反之就是非正义。这是对自由权利的一种绝对解读，强调个人权利神圣不可侵犯性，那么这种个体权利优先论当然意味着不承认某种普遍的善的存在。不同于诺齐克最小政府理论，罗尔斯的正义理论可以说是建立在国家调节的基础上。罗尔斯的正义理论包含两方面：其一，个人在没有揭开无知之幕时，虚构的社会契约，是基于我们对自身的特质一无所知的情况下作出的，该原则是大家都同意的，这就创造了平等的条件，即机会的均等，人人站在同一起跑线上，避免了因优势导致的不公平；其二，将无知之幕解开后，人人都是独立的个体，均希望受尊重，这就产生了正义的第一原则即自由的权利，因而任何个人都不愿牺牲自身来成全大家，即使这些个体只是少数派，但是社会交往并不会实现绝对的公平，总有贫富的差距，若想实现社会的公正需要第二原则——差异原则，如果不平等给最不富裕的人带来利益，那么这种不平等被视为允许。

我们对自由主义的正义原则作一个简要的总结。

第一，主体拥有自由的权利，而且这种权利是神圣不可侵犯的，不可因为他人或集体的利益而损害个体的权益。因为自由主义者不允许为了他律而使个人沦为一种手段，它强调的是人的主体性和自主性。康德和诺齐克都阐述了这一点，那罗尔斯的对平等的强调是否超出了自由主义的范围？当然不是，当我们仔细阅读罗尔斯的著作就会发现，他的两大原则是有一个排序的问题，他仍然是把自由的权利放在首位，差别原则可以说只是对自由原则的一种补救。强调个人的自由权利对于反对专制统治，维护个人权益、个人的尊严和张扬人的价值起到了积极的作用。

第二，在社会经济方面，正义体现为两方面：其一，市场交换

中，正义体现为公平自愿的等价交换，这种等价交换又可理解为一种
程序正义，它主要是设定一个公正的原则，任何人处于同一起跑线上
并在过程中实行公平竞争，同时要求这种交换是出于主体个人自愿作
出的，非强迫性；其二，公正的体系仍然不能保证公平，因为有些人
天生具有某种优势，这种优势使得他更易获得成功，所以实现正义还
需要国家的调节，被称为结果正义。问题随之而来：国家对社会资源
的再分配是否侵犯了个人自由权利？罗尔斯对此作出的回应是，也许
我们并不完全拥有自身，当我们认为国家对社会资源的再分配是一种
侵犯个体权利的行为时，我们是认可自己通过努力和辛勤劳动获得的
成果拥有独立支配权。但是这种努力其实是基于一定的社会环境，正
是社会提供给你一定的环境，在此前提下加上自身的努力劳动，才可
获得一定的成果。所以，劳动的成果并不是单靠个人的努力就能获得
的。但是亦不能据此否认自我的主体性，我们仍然拥有自主选择权，
自愿而非强迫的从事工作的权利。

第二节　马克思主义对自由主义正义原则的回应

　　讨论了自由主义的相关的正义原则，现在回到马克思的相关文本
中，看看他将如何回应这些原则。

一　对自由权利的回应

　　自由权利的社会性。权利原则可以说是自由主义正义理论的核
心，但何为权利？康德曾说："问一位法学家'什么是权利'，就像问
一位逻辑学家一个众所周知的问题'什么是真理'，同样使他感到为
难。"① 所以对"权利"的含义我们是很难界定的。自由主义所说的
权利主要是一种天赋的权利，是人生来就被赋予的不可剥夺的权利，
因而在思维模式上，自由主义者对于权利的论述是以非历史的自然状

---

　　① 孟锐峰：《马克思政治哲学对自由主义的超越》，南开大学出版社 2012 年版，第 20 页。

态作为其逻辑假定的。康德对自由权利的论述，是基于人与动物的比较而得出的，人因理性成为独立自主的存在，罗尔斯的自由权利是在虚构的无知之幕之下的论述。不同于他们对自由权利的论述，在权利问题上马克思明确指出："权利决不能超出社会的经济结构以及由经济结构制约的社会的文化发展。"① 马克思也认可人不同于动物，是有意识能动的主体，但是这不足以说明人的权利就是自然、天赋的产物。马克思指出权利是历史的产物，它植根于一定的社会关系中。对人权的论述，马克思是在批判黑格尔国家观的背景上产生的。黑格尔从国家理念出发，认为"国家既是家庭和市民社会的外在必然性，同时也是后者的内在目的"②。外在必然性指当家庭、市民社会与国家的利益发生冲突时，家庭、市民社会应该服从于国家；内在目的指国家成为家庭和市民社会所希求和渴望的东西，这样不仅家庭市民社会依附于国家而存在，并且国家还成为家庭和市民社会所希冀的东西。马克思认为黑格尔在国家观方面陷入了二律背反，因为在他那里外在的又是内在的、必然的也是偶然的、从属的也是独立的。在解决两者矛盾上，黑格尔认为国家作为先在，是国家赋予个人权利，因而个人应对国家尽义务，换句话而言就是"个人对国家尽多少义务，同时也就享有多少权利"。尽管黑格尔依其逻辑得出权利和义务相统一的论断，但是在黑格尔那里权利和义务的统一是不能真正实现的，因为当把国家理念运用于国家制度上。黑格尔主张的是建立君主立宪制，这种体制下，人民必然是服从于君主，当然没有独立的权利可言。马克思批判指出，不是国家决定市民社会，而是市民社会决定国家，国家是市民社会发展的产物，因而黑格尔并没有彻底解决权利与义务的分离。在《黑格尔法哲学批判》中马克思尽管得出了市民社会决定国家的结论，同时意识到黑格尔关于权利与义务的分离，但对权利的研究实际

---

① ［德］马克思：《哥达纲领批判》，中共中央马克思恩格斯列宁斯大林著作编译局，人民出版社 1997 年版，第 15 页。

② ［德］黑格尔：《法哲学原理》，汉译世界学术名著，商务印书馆 1961 年版，第 261 页。

上并没有展开，那人权是如何产生的？在几个月后，马克思发表了《论犹太人问题》，回答了这个问题。马克思指出，市民社会与政治国家的分离，把人一方面变成公民、法人，另一方面变成了独立、利己的人，而人权是不同于公民权的。马克思指出："所谓人权，不同于公民权，它无非是市民社会的成员的权利，即脱离了人的本质和共同体的利己主义的人的权利。"[1] 一句话，人权是市民社会发展的结果。这一人权与鲍威尔的理解不同，鲍威尔的人权即人的本质，它建立在抽象的人与人相结合的基础上。鲍威尔认为犹太人是自私狭隘的，这和人与人相结合的本质对立，因而犹太人是不应当获得人权的。马克思认为对这个问题不应该做这么抽象的论述，而应当做具体的历史分析，犹太人之所以会成为狭隘、自私的人，是由其生活的环境决定的。而在私有制的条件下，人与人的关系就是相分离的，不是建立在相结合的基础上，所以人权并不是脱离历史发展的抽象物，应该在具体条件中加以论述。因而，这一人权不是黑格尔所说的由国家赋予，也不是康德从人的类本质层面上的阐述，更非罗尔斯在虚构契约中的论述，它是市民社会发展的产物，具有特殊性、历史性，因为这里的人是生活在物质生活中的现实人，而非精神生活中的类群体。

自由权利是平等的吗？自由主义所言的权利主要是一种天赋的权利，是人生来就被赋予的不可剥夺的权利，他们强调人人生而自由，平等地享有权利，然而社会中有很多不平等现象，例如性别、种族、收入分配的不公平，当然还有其他的，事实已经说明了这一论述的虚假性。性别歧视是指男女双方由于不同的特征而充当不同的社会角色，忽视他们的能力与意愿，女权主义提出男女应该同等对待。种族不平等是指不同种族的人应不同对待，并认为有些民族生来就低贱，进而把这种歧视推广到各个方面，比方教育、就业、社会福利等，这种现象在西方发达国家现在仍然可以见到。收入不公平更多反映的是对资源的占有率不同，那些能控制资源的人相较而言更易获得他们所

---

① 《马克思恩格斯全集》第 1 卷，中央编译局，人民出版社 1972 年版，第 437 页。

需的商品和服务，所以在资源有限的情况下，一些人获利，而另一些人则处于不利，对资源控制力不同外在的就表现为收入的不平等。马克思指出自由主义者所言的权利平等，只是一种表面的空谈。在共产主义社会第一阶段，权利平等其实还是资产阶级的权利，仍然被限制在资产阶级的框架中，劳动尺度虽不承认任何阶级差别，但是它默认劳动者的不同的个人天赋，从而不同的工作能力是天然的特权，就如马克思所言："所以就它的内容来讲，它像一切其他权利一样是一种不平等的权利。权利，就它的本性来讲，只在于使用同一尺度；但是不同等的个人要用同一尺度去计量，就只有从同一个角度去看待他们，从一个特定的方面去对待他们，例如在现在所讲的这个场合，把他们只当做劳动者，再不把他们当作别的什么，把其他一切都撇开了。其次，一个劳动者已经结婚，另一个则没有，一个劳动者的子女较多，另一个的子女较少，如此等等。因此，在提供给的劳动相同、从而由社会消费基金中分得的份额相同的条件下，某人事实上得到的比另一个人多些，也就比另一个高些，如此等等，要避免所有这些弊病，权利就不应当是平等的，而应当是不平等的。"① 因此，在这一阶段，恰恰是不平等才是合理的，而非自由主义者笼统抽象谈论的权利的平等。内容和形式发生改变的平等原则，尚且还有缺陷，被需要原则所超越，何况没有发生改变的所谓的平等原则？

　　对自由权利不平等的辩解。自由主义学者也关注到社会不平等现象，不再笼统地强调权利的平等，而是转而对不平等进行辩护。尽管法律层面上再三地强调禁止歧视，但是不平等却仍然存在，对不平等两种常见的辩护：一是认为不平等是天生的、自然的，持这种观点的认为，人们在社会中差异反映了人们潜能、资质、能力的不同。二是认为不平等是社会的产物，并且不平等有助于社会的发展。与天赋学说联系最紧密的是效率，因而在一种有效率的分配（如按贡献的分配）中最易带来利益分配上的差别，对于天赋较低的人来说，这确实

---

① 《马克思恩格斯全集》第 3 卷，中央编译局，人民出版社 1972 年版，第 305 页。

是一种不幸。但对于第一个辩护我们可以说其犯了"自然主义谬误"，即是的状态并不必然是应该的状态，例如人是由动物进化而来的，假如我们由着动物的本性来生存的话，那么互相厮杀、互相争斗也是合法合理的。人毕竟是不同于动物的高级体，马克思指出"人的本质在于它是一切社会关系的总和"①，突出强调人的社会性才是人的根本属性，而人的社会性的获得并不是自然事实而是一个历史的发展过程，是在人与自然的相互作用中得到确认的。马克思也承认在共产主义第一阶段劳动者因天赋能力的不同而获得不同的报酬，这一弊端是不可避免的，但马克思并不会局限于此，而是提出了尊重个性发展的按需分配的原则。关于第二个辩护认为不平等是社会的产物，其理由是社会毕竟是一个复杂的统一体，包含有各种不同的关系，因而人在其中充当不同的角色，故而有不同的社会地位，所以不平等的出现是必然的。例如，我们说人是处于一定社会关系的，一定社会关系决定了人也是特定的，特定的人必然拥有特定的权利和义务。再具体而言就是你是具体属于这个国家的公民，是属于这个学校的一员，同时又是谁的女儿，进而在情感上会更倾向与你亲近的人，所以让一个人对一切人一视同仁是不可能的，这应该算对正义的一个很大的威胁，因为我们毕竟是生活在社会中的，这样人情关系、裙带关系等都会使这个社会评判有失公平，但它却符合我们的情感。马克思对此也作出了自己的理解：共产主义社会是人向社会存在的一种复归，这一过程也是"人的一切感觉和特性的彻底解放"②，使人成为一个全面总体的人。到那时，我与你是统一的，"对你来说，我是你与类之间的中介，是你本质的补充，也是你不可分的一部分"③……马克思讲这些，不过是要说明人的社会性的获得是可能的，同时以这种视角来观察现实，以揭示现实的不合理。

---

① 《马克思恩格斯全集》第1卷，中央编译局，人民出版社1972年版，第356页。

② 《1844年经济学哲学手稿》，人民出版社2000年版，第85页。

③ 同上书，第184页。

二　对差异原则的回应

罗尔斯的差异原则可以说是对自由权利原则的一种补救措施，通过国家的再分配来实现社会的正义，其差异原则一定程度上是在论证资本主义国家权力的合法性，而马克思从未论述过国家的合法性，甚至认为国家是恶的。在《德意志意识形态》中，马克思将国家称为"冒充的共同体，这一共同体实质是一个阶级反对另一阶级的联合，它是相对于各个人而独立的，因此对被统治阶级来说，它不仅是完全虚幻的共同体，而且是新的桎梏"①。因此可以把马克思的国家观理解为无政府主义。另外一个证明国家不可取的论述体现在《哥达纲领批判》中，拉萨尔派的纲领指出：德国工人党争取建立"自由国家"，马克思反驳道："自由国家，这是什么东西？"② 正如马克思所指出的那样，人在国家范围内，是不可能自由的，若想获得自由，需要从必然王国过渡到自由王国，而到那时，"国家"这一概念也将被公社所取代，保留下来的仅仅是公共管理的职能。所以在国家是否具有正当性方面，马克思持批判的态度。即使承认国家的存在，马克思认为也不能作为再分配的主体，国家毕竟是某一利益的代表者，国家的再次分配只能保障弱势群体的最低生活，不致使其饿死冻死，但如何能保障其过得有尊严？马克思的理想社会的一层含义就是让无产阶级自食其力地过上体面的生活，并获得自尊，而非动物式的生存。在其著作中马克思明确表达了这一思想，他指出生产合作社通过国家建立而不是由工人建立的，这是拉萨尔的幻想，因为通过国家的帮助建立生产合作社充分说明了"工人自己既没有当权，也没有成熟到当权的程度"③，而将工人从阶级斗争的立场完全倒退到宗派运动的立场，这是毫无价值的。事实上，差异原则的实际诠释权最后是依赖于优势者，那

---

① 《马克思恩格斯全集》第 1 卷，中央编译局，人民出版社 1972 年版，第 119 页。

② 《马克思：哥达纲领批判》，中共中央马克思恩格斯列宁斯大林著作编译局，人民出版社 1997 年版，第 23 页。

③ 同上书，第 22—23 页。

么这个社会贫富悬殊将是必然的，即使国家能协调好主体间的利益，利益者迫于行政命令，给予社会一定的社会财富，但给予的也仅仅是其财富的九牛一毛，社会财富不平衡依然存在。因为非正义存在原因主要在于原有的社会制度没有发生改变，人们实际并没有得到多大的改善。若想改变社会中处境不利者，不能通过分配资产来解决，必须寻找其他的办法及其根据。马克思批判资本主义，并认为需要从根本改变的是使得"处境最不利者"成为最不利的社会结构，而不是仅仅倾向于"处境最不利者"的经济分配。因而在马克思看来通过国家对社会资源的再分配的调节手段以实现社会的公平正义，是值得商榷的。但是不可否认的是，差异原则的利他部分是被马克思所接受的，也是在《哥达纲领批判》中，马克思指出，在进行个人分配前，应从满足共同需要和为丧失劳动能力的人等设立的基金中扣除后再分配。

三 对程序正义的回应

诺齐克的程序正义主要包含两方面：一是原始资本的正当性；二是交换过程遵循自愿公平的交换。马克思指出自由主义者所宣扬的等价公平仅指资本主义交易过程的正义性，这种公平性承认市民社会中个体的独立性，如果与以前的交易相比，确实有很大的意义，因为它在一定程度上显示了个体的自主性发展，但马克思指出这种等价交换只是一种表面现象："表现为最初行为的等价物交换，已经变得仅仅在表面上是交换，因为，第一，用来交换劳动力的那部分资本本身只是不付等价物而占有的别人劳动产品的一部分；第二，这部分资本不仅必须由它的生产者来补偿，而且在补偿时还要加上新的剩余额。这样一来，资本家和工人之间的交换关系，仅仅称为属于流通过程的一种表面现象，成为一种神秘化的形式。劳动力的不断买卖是形式。其内容是，资本家总以不付等价物方式占有别人的已经对象化的劳动的一部分，来换取更大量的别人的活劳动。"[1] 资产阶级实际上是用形式

---

① 《马克思恩格斯全集》第 1 卷，中央编译局，人民出版社 1972 年版，第 237 页。

上的平等掩盖了事实上的不平等。正如柯亨所指出的，交换的正义正是在遵循资本主义法律制度下，才使得资本家可以堂而皇之地剥削工人。那为何交换会由原先的实质公平转为仅仅是表面的公平？马克思指出，造成这种现象的主要原因是资本和劳动的分离，这是资本主义私有制发展的必然。但是私有财产运动的起点却是资本的原始积累，这就涉及马克思对程序正义的第二方面的回应，何为资本的原始积累？资产阶级认为原始资本是资本家辛勤劳动的产物，而另一些人由于懒惰，只有出卖自己的劳动力来生活，马克思指出：资本来到世间，从头到脚，每个毛孔都滴着血和肮脏的东西，辛勤劳动只不过是资本家的幻想，"在真正历史上，征服、奴役、劫掠、杀戮，总之，暴力起着巨大的作用。但是在温和的政治经济学中，从来就是田园诗占统治地位。正义和劳动自古以来就是唯一的致富手段，自然当前这一年总是例外，事实上，原始积累的方法并不是田园诗式的东西"①。这样，通过暴力实现了劳动者与劳动资料相分离，所以他指出：所谓原始积累只不过是生产者和生产资料相分离的历史过程，一方面导致生产和生活资料转化为资本，另一方面劳动者沦为雇佣劳动者，因而产生了一种以别人的劳动为基础的私有制代替了以自己劳动为基础的私有制。资产阶级想通过勤劳—懒惰模式来说明原始资本的正义性，但资本从一开始就不具有正当性。所以，在马克思看来，自由主义者所宣言的正义前提和相关原则，均是不被他所接受的，罗尔斯把马克思称为"自由主义的批判者"，是非常恰当的。

至此，我们得出了马克思批判自由主义正义理论的两条原则：一是从关系性的角度重新界定正义的观念，即重视社会属性与社会关系对于正义观的形成与发展的作用，强调价值规范的客观基础，这为克服资产阶级所宣扬的价值规范之无根性开启了可能的路径；二是其学说的批判性，论证了历史辩证法的意义。自由主义者把资本主义看作"社会生产的绝对的最后的形式"，这违背了辩证法，因为"辩证法在

---

① 《马克思恩格斯全集》第 44 卷，中央编译局，人民出版社 1972 年版，第 821 页。

对现存事物肯定的理解中同时包含着对现存事物的否定的理解，它不崇拜任何东西，按其本质来说，它是批判的和革命的"①。因而不同于自由主义者，马克思把资本主义社会看作一个需要批判的对象，在批判的过程中，他融哲学与政治经济学为一体。辩证法为马克思分析资本主义社会提供科学方法，同时对资本主义的剖析也给予辩证法以现实的材料；另外辩证法也使我们发现了马克思理论中包含的超时代的一些东西，即对共产主义社会的相关论述，因而罗莎·卢森堡将马克思主义哲学定义为总体辩证法——实现了哲学、政治经济学与科学社会主义理论的有机统一——是非常恰当的。马克思确立了一种新的方式：从物质利益等客观条件出发揭示社会历史发展规律，但又不仅仅局限于对现实层面的论述，而是实现了现实性与理想性、客观性与批判性的统一。

---

① 《马克思恩格斯全集》第 2 卷，中央编译局，人民出版社 1972 年版，第 112 页。

第三章

马克思主义正义观与
罗尔斯正义论之比较

正义是人类社会具有永恒意义的基本价值追求和基本行为准则，它对维持社会正常秩序、促进社会进步以及实现社会发展的终极目标有着极为重要的意义。罗尔斯和马克思分别是两种不同类型的正义论的典型代表人物，二者都是社会正义思想的大师。从罗尔斯的自由主义式的正义观与马克思的社会批评的正义观的相互比较中，既可以看出正义理想之必要，也可以看出正义之实现的历史复杂性。

第一节 两者理论的相同之处

一 相同的理论出发点：现实的社会环境

探讨正义理论的时候，马克思和罗尔斯实际上有一个共同的出发点，即现实的社会环境。这种现实的社会环境有两个特征：第一，自然界存在着某种程度的匮乏。人的生存，必须满足各种各样的需要，特别是生物学上的需要。人类诞生以来，由于匮乏，各个时代的社会都不能提供充足的物品和服务，无法满足人们的各种物质需求。匮乏同自然条件有关，也同经济发展水平有关。而且，人们的需要是变化的，是不断增长的。尽管当代工业社会能够提供越来越多的产品和服务，但还是远远跟不上人们需要的增长。第二，在社会内部，人与人之间存在着利益冲突。对于自由主义，每个人都在追求自己的利益，以满足自己的需要。因为物质上的匮乏，不可能满足所有人的需要，从而导致人与人之间利益的冲突。对于马克思主义，社会是分阶级的，即统治阶级和被统治阶级，而统治阶级为了自己的利益对被统治阶级在经济上进行剥削，在政治上实行压迫。也就是说，人们之间的利益冲突或者表现为个人与个人之间的冲突，或者表现为群体之间的冲突。马克思的共产主义社会和罗尔斯的正义社会都针对的是这种社会环境。无论是马克思的革命理论，还是罗尔斯的正义理论，都试图解决由这种社会环境所引起的问题。虽然人们之间的冲突是由匮乏引起的，但是各种社会理论提出的解决方案所针对的却不是匮乏，而是冲突。那么如何解决人与人之间的冲突，从而建立起一个理想的公平社会？马克思提出了自己的革命理论，罗尔斯则提出了自己的正义理论。作为对同一问题的不同解决，我们可以把马克思的理论称为"超越的"，把罗尔斯的理论称为"内在的"。马克思认为，人们是按照阶级来划分的，不同阶级之间产生对立和冲突的根本原因是私有制。要想彻底解决人们之间的冲突，就要消灭人们之间的阶级差别；要想消灭人们之间的阶级差别，就要取消财产的私有制。因此，马克思主张推翻以私有制为基础的资本主义社会，消灭阶级，从而建立没有阶级差别的共产主义社会。马克思意识到，阶级消灭之后，仍然存在匮乏问题，所以他提出共产主义社会还需要消灭匮乏，使物质极大丰富，以便有能力做到"按需分配"。因为马克思的解决方案以推翻现存社会为前提，所以我们将其理论称为"超越的"。

西方学术界普遍认为，正义之所以显得必需，是因为社会中广泛存在着"正义的环境"，即资源的相对稀缺和人们生活目标的多样性，而且，这两大环境是人类社会的长久特征，不可能在短期内消除，所以正义必然是政治的首要价值关怀。言下之意是，只要正义的这两大环境被消除，则正义就不再成为问题。所以，在西方思想家的心目中，正义就只是一些补救性的、纠正性的原则、制度和美德；在任何消除了正义的环境的社群组织中，比如在家庭中和目标基本一致的社团中，正义就不再是所谓首要美德，甚至在某种意义上说，就不再是美德。在这种团体里，盛行的应该是爱、团结、友谊和信任等美德。由于正义问题被限制于这样的论域之中，所以关于正义的地位、尺度和适用领域就成为他们反复争论的对象，正义理论成为一个聚讼纷纭的领域。马克思主义则认为，所谓"正义的环境"作为正义观的前提条件是狭隘的，它掩盖了产生社会正义问题的物质生产方式矛盾运动这个实际基础。马克思主义经典作家认为正义问题并不是在所谓的"正义的环境"中产生的，而是人们对社会的具体的生产方式，即生产力和生产关系及其内在矛盾作出的意识反映和选择，认为正义问题不过是在生产关系中处于不同地位的人们对社会的应然秩序的追求。马克思主义从无产阶级的立场及其使命中，分析了社会上占主流地位的正义观念的实质以及人类社会发展的最高目标，以此为基础，形成了自己的正义观。

二　共同的批判对象：对功利主义正义观的批判

马克思和罗尔斯都是在批判功利主义基础上阐释自己的正义理论。

功利主义学说产生于17—18世纪，自19世纪以来，以边沁、密尔为代表的古典功利主义的正义观已在英美等国家占支配性地位，产生了十分深远的影响。功利主义正义观的主旨是，如果一个社会的主要制度被安排得能够达到总计所有属于它的个人而形成的满足的最大净余额，那么这个社会就是被正确地组织的，因而也是正义的。功利主义的这种"社会正义"概念来源于功利主义对个人幸福的理解。在古典功利主义者看来，个人是否幸福取决于对个人行为所带来的苦与乐的计算。如果一个行为所带来的快乐的总量超过了它所带来的痛苦的总量，这个行为就是值得欲求的，在价值上是值得肯定的。以快乐的总量减去痛苦的总量，所得到的就是满足的净余额，这就是有名的边沁的苦乐计算法。在边沁看来，一个人所理智地选择的，就是那种能够带来最大满足的净余额的行为。由此可以明确看出，在功利主义者看来，某一行为、某一制度正义与否，是看该行为、该制度能否给人们带来幸福，幸福是判断正义与否的根本标准。这种社会正义观思想与罗尔斯的正义观思想是截然相反的。根据主体不同，功利主义可以分为个人功利主义和社会功利主义。个人功利主义以追求个人最大幸福、最大快乐为目的，反映人的自然性，因而不具有道德性质；社会功利主义以追求最大多数人的幸福为目的，体现了人的道德属性。社会功利主义原则是个人功利主义原则在社会领域的扩展。1776 年斯密《国富论》、1789 年边沁《道德与立法原理导论》两部著作的出版，标志着功利主义原则的确立。如何通达幸福，这是功利主义的核心内容。

（一）马克思、恩格斯的批判

1845—1846 年，马克思和恩格斯共同写作了关于历史唯物主义的纲领性文献，即《德意志意识形态》，它不仅对历史唯物主义的现实基础和逻辑前提作了分析，还对功利主义进行了批判。马克思和恩格斯在对"莱比锡宗教会议——圣麦克斯"的论述中批判了唯利者作为旧哲学的根基，指出不仅德国唯心主义在分享着这一基础，旧唯物主义和功利主义同样地也在分享着这一基础。马克思和恩格斯首先分析了英国功利主义道德哲学形成和发展的历史背景。18—19 世纪资本主义经济的迅速发展使得人对物的占有欲望觉醒，这是私有财产发展的钻石阶段，物占有了人的灵魂，利益成为人与人之间旋转的中心，商业造就了一个市场经济的帝国。市场竞争的法则犹如森林中锋利的牙齿撕裂了封建主义所编织起来的一切伪善的遮羞布的网络，使人与人之间的全部关系只剩下赤裸裸的利益的关系。英国功利主义正是从经济和哲学的高度来表现这种状况，并把它泛化为整个社会的行为准则。

马克思和恩格斯指出，功利主义的理论有着不同的发展阶段，这是与资产阶级发展的不同时期密切相关的。他们具体分析了资产阶级功利主义理论发展的三个阶段：第一阶段是对君主专制政体的一种表达，代表人物是爱尔维修和霍尔巴赫，他们表达了想把一切关系归结为剥削关系的愿望，想从人们的物质需要和满足这些需要的方式来解释交往的愿望。爱尔维修和霍尔巴赫的功利论思想缺乏实证的内容，是与正在进行斗争的而尚不发达的资产阶级相适应的。第二阶段是表达新兴的资产阶级的愿望，代表人物是霍布斯和洛克，他们依据荷兰和英国资产阶级的经济发展和政治运动，反映了资产阶级的经济事实。第三阶段是成熟的功利主义思想，是以边沁、穆勒和葛德文为代表的。在对功利主义理论不同的发展阶段进行分析后，马克思和恩格斯揭示了功利主义理论的实质内容和内在矛盾。功利关系具有十分明确的意义，即我是通过我使别人受到损失的办法来为我自己取得利益。在以私有制为基础的各种社会关系体系中，人与人之间存在着利益的对抗，而且由于资源的稀缺性，愈益刺激人们企图通过损害别人来谋取私利，这是英国功利主义者在用理论逻辑来再现并论证这种客观逻辑，这就把私人利益及其正当性当作自己的出发点。这样，功利主义不仅要确证个人功利的至上性，而且要论证其出发点，确证通过自由竞争谋取个人功利的合理性。就此而论，功利主义不过是对资本主义自由竞争的经济和哲学的辩护，甚至可以看成是资本主义自由竞争的国民经济学。政治经济学是这种功利论的真正科学。无论是边沁、穆勒或葛德文，都把功利主义与资本主义的自由竞争紧密相连，因为只有自由竞争的商品经济关系才能为功利主义提供理论营养。既然资本主义的功利关系的本质是损人利己，那么功利主义的实质内容就表现为利己主义。尽管穆勒提倡最大幸福原则，葛德文提倡正义原则，但是在不改变资本主义财产制度的情况下，这种奋斗就会沦为一句空话。

马克思和恩格斯对英国功利主义的功过是非也作了概括性的评述。他们认为，黑格尔把功利论说成是"启蒙的最终结果"，这是恰当的。资产阶级的思想启蒙运动最终就是要用资产阶级的信仰和价值观取代封建主义的信仰和价值观，为确立资产阶级的经济、政治地位和社会关系体系作出明确无误的理论证明。在这一点上，英国功利主义比其他任何形式的理论做得更直接、更彻底。所以，马克思和恩格斯指出，这种被边沁令人讨厌地大肆渲染的相互剥削的理论，体现着人与人之间的功利关系，在理论上宣布符合于这种资产阶级实践的意识、相互剥削的意识是一切个人之间普遍的相互关系——这也是一个大胆的公开的进步，这是一种启蒙，它揭示了披在封建剥削上面的政治、宗法、宗教和闲逸的外衣的世俗意义，这些外衣符合当时的剥削形式，而君主专制的理论家们特别把它系统化了。把人与人之间的关系尽归之于带有剥削性质的功利关系体现着人对物的依赖性，而对物的依赖体现为以经济为核心的发展观，这一点对于历史是有着进步意义的。当功利主义者为资产阶级剥削关系做道德哲学论证的时候，实际上已经蕴含着一个重要的基本理论前提，即把经济关系看作其余一切社会关系的决定因素，把利益看成道德的决定因素。当然，英国功利主义之所以能够以一定的社会事实为依据来说明道德问题，正是由于考察了地租、利润、工资等的经济关系，从而使各阶级的一定的剥削关系也就得到了考察。马克思和恩格斯对功利主义这一点的充分肯定，无异于为历史唯物主义的出场指明了理论的来源。

马克思和恩格斯对英国功利主义的局限性也进行了分析，由于受到资产阶级发展条件和阶级立场的限制，功利主义所能批判的只是封建社会人对人的剥削关系及其空泛的道德原则，它所倡导的理想是资产阶级的剥削关系以及与此相连的自由竞争的道德规范。在功利主义者的眼里只有发财致富的私有者，将无产者排斥在外，把资产阶级剥削关系说成是最有益的关系，这时，其阶级和时代局限性就已经暴露无遗了。

（二）罗尔斯的批判

罗尔斯认为，作为公平的正义是义务论观点，而功利主义是目的论。二者的区别在于，目的论用最大限度地增加善来解释正当理论的合理性，相反，义务论用强调公平兼顾结果来解释正当理论的合理性。在功利主义那里，善被定义为欲望最大的满足，功利主义之所以属于目的论，在于它认为正义的制度会最大量地增加社会善。作为公平的正义之所以属于义务论，在于它以原初状态为依据，认为原初状态中的人们肯定会选择一种平等的自由原则和有利于每一个人的有限的经济和社会的不平等。罗尔斯强调，平等、自由是义务论的首要善，即使有不平等，那么这种不平等也应该有利于每一个人，尤其是有利于社会不利者。当然，就义务论或契约论而言，作为公平的正义并非排除最大善的结果，但这种结果只是一种巧合，并非原初状态中的有意选择。罗尔斯的义务论本质上是社会不利者优先的理论。作为公平的正义与其他正义观区别的标志是，前者强调公平，其他正义观则不一定。在社会有利者与社会不利者存在明显的事实的不公平的情况下，罗尔斯强调所有人都应该是平等的，社会分配应该是公平的，尤其是强调社会不利者的优先，从而提升了他们的地位。社会不利者优先的伦理依据在于，直觉地看，在需要帮助的人与不需要帮助的人之间选择，选择前者更具有道德性，一个善的个体是如此，一个善的社会也是如此。中国古代的儒家也是这样认为的，孟子说"见孺子将入于井，皆有恻隐之心……无恻隐之心，非人也……恻隐之心，仁之端也"①。孟子认为，仁的根本点是对"孺子"的恻隐之心，即对不利者的关切，否则就是不仁。社会不利者之所以被认为是不利者，在于他们所处的"孺子将入于井"的不利地位，社会不能过多地希求他们，而应无偿地帮助他们。这也正是义务论之所以为义务论的原因：只求帮助他人（尤其是最不利者）而不求回报。所以，罗尔斯的作为公平的正义论本质上是不利者优先的义务论，从而超越了很可能忽视不利者的功利主义的目的论。

罗尔斯说"功利主义把个人的选择原则扩展到社会，而作为公平的正义则持一种契约论的观点，认为社会选择的原则（因而也是正义的原则）本身是一种原则的目标。假定一个人类社团的调节原则只是个人原则的扩大是没有道理的"②。罗尔斯认为，功利主义的基本道德

---

① 杨伯峻：《孟子译注》，中华书局 1960 年版，第 79 页。

② ［美］罗尔斯：《正义论》，何怀宏等译，中国社会科学出版社 1998 年版，第 28 页。

原则依据的是非理性的个人幸福原则，这是不可能的，因为个人的幸福是无限多样的，正如个体的多样性一样。把个人的功利原则看作社会正义（道德）原则，就等于把个体的德性看作普遍性，从而导致价值霸权主义和不平等，功利主义的最大幸福原则就犯了这样的错误。罗尔斯从契约论思想出发，认为社会正义原则或基本道德原则是一种共识的原则，是人类社会的一个基本特征。作为调节众多人相互关系的基本道德原则，社会正义必须依赖多样性的事实。人们的共识同意是社会正义原则的基础，而非某个人的幸福原则。罗尔斯认为，他的两个正义原则是一种共识性、普遍性、客观性的基本道德原则，是人类社会存在与发展的根本原则，是裁决各个体行为之间冲突的最终依据，也是社会体制正义与否的价值参照。相反，功利主义的个人幸福原则是一种偶然性的原则，不能裁决个体行为之间的价值冲突，原因在于它"假定一个人类社团的调节原则只是个人原则的扩大"。

相互性超越最大幸福的单向性。作为公平的正义强调互利互惠的相互性的社会合作，认为有利者获得社会利益的合理性依据是不利者，对于天资聪明或由于家族原因而处于社会中的有利地位者，其获得较大利益、财富的前提，在于社会最不利者也必须获得相称的利益；在有利者与不利者一起获利、发展的同时，随着"啮合关系"，位于二者之间的所有群体实现了共同获利、共同发展。罗尔斯进一步认为，任何一个社会都不可能实现绝对的平等，秩序良好的社会也不例外，也必然存在着一定程度的不平等。但是，作为公平的正义规定，不平等只能是有限的，而且，有限的社会经济、政治的不平等必须平等地由所有人承担，并有利于所有人，尤其是要有利于最不利者，并需要得到他们的同意。在作为基本道德法则的两个正义原则中，"最不利者""最少受惠者""获利较少的公民""机会较少者"等，都是同等程度的理念，均反映了作为公平正义中的人与人之间的相互性，尤其是有利者与不利者之间的相互性。与此相反，功利主义的最大幸福原则强调，对一些人的损害能够被一种其他人的享受的较大的利益总额绰绰有余地抵消。也就是说，为了有些人或有利者的较大利益，而损害另一些人或不利者的某些利益，具有合法性，因此，功利主义的道德原则是单向的、不平等的。就此而言，人人获利的两个正义原则必然要超越一些人获利而另一些人失利的功利主义的正义原则。

第二节　两种理论的区别

马克思主义正义观是以推翻资本主义制度，建立共产主义社会为前提的。罗尔斯以一种理想建构的方式来阐述他的正义思想，是维护资本主义制度的，二者在正义方法论、实现路径等方面都存在很大差异。

一　世界观与方法论的区别

马克思主义是历史唯物主义，认为在思辨终止的地方，在现实生活面前，正是描述人们实践活动和实际发展过程的真正的实证科学开始的地方。关于意识的空话将终止，它们一定会被真正的知识所代替。对现实的描述会使独立的哲学失去生存环境，能够取而代之的充其量不过是从对人类历史发展的考察中抽象出来的最一般的结构的概括。这些抽象本身离开了现实的历史就没有任何价值。它们只能对整理历史资料提供某些方便，指出历史资料的各个层次的顺序。但是这些抽象与哲学不同，它们决不提供可以适用于各个历史时代的药方或公式。相反，只是在人们着手考察和整理资料——不管是有关过去时代的还是有关当代的资料的时候，在实际阐述资料的时候，困难才开始出现。这些困难的排除收到种种前提的制约，这些前提在这里是根本不可能提供出来的，而只能从对每个时代的个人的现实生活过程和活动的研究中产生。因此，马克思就与各种先验的思想家不同，他决不提供一种四海皆准、万世皆同的所谓正义的社会原则。在他看来，一个原则的正义与否是相对于一个社会的具体生产方式而言的，当一个原则适应于一种生产方式，那么它相对于这个生产方式就是"正义"的，否则就会被这个社会普遍看作"非正义"的。因此，一切社会原则都只具有与生产方式所适应的相对性，因而都只具有"历史的正当性"。一切以前被认为是"正义"的社会原则，随着生产力的发展，生产方式的变更，也都会失去它的历史正义性而在新的生产方式中成为非正义的原则，而为新的"正义"原则所替代。

而罗尔斯则秉承了西方唯心主义，具体说先验主义的传统，反映在方法上，是采取一种所谓"思想实验"方式，这种方式具有抽象思辨性与假设性，而不具有现实性与历史性。罗尔斯对此并不讳言，他说："在作为公平的正义中，平等的原初状态相应于传统的社会契约理论中原始状态。这种原初状态当然不可以看作是一种实际的历史状态，也并非文明之初的那种真实的原始状态，它应被理解为一种用来达到某种确定的正义观的纯粹假设的状态。"

罗尔斯指出，正义原则是重叠共识的核心。"重叠共识"是罗尔斯在《政治自由主义》中提出的一个新概念，也是构成他政治自由主义理论的支柱性理念之一。罗尔斯通过对这一概念的阐释，合理地解答了在一个理性多元而存在冲突的各种全面性学说的现代民主社会中，如何达到理性的共识和正义的社会秩序，如何达到长期稳定性问题。所谓重叠共识，就是能为各种合乎理性又互不相容的宗教学说、道德学说和哲学学说所赞同的一种政治理念，该理念是现代民主社会公民团结与社会统一的基础。罗尔斯说："为了了解一个秩序良好的社会怎样达到统一和稳定，与政治的观念一道，我们引进了另一个政治自由主义的基本观念，即合理性的全面性的重叠共识的观念。在这样一种共识中，合理的学说各自从它自己的观点出发赞同这个政治理念。社会团结是建基于这种对政治观念的共识上的。"① 罗尔斯认为，在现代民主社会中，合乎理性又不相容的宗教、道德和哲学的完备性或全面性学说的存在是一种持久性的特征，因此社会的统一与公民的团结不可能建立在某种全面性学说的基础上，而只能建立在重叠共识

---

① ［美］罗尔斯：《政治自由主义》，万俊人译，译林出版社 2000 年版，第 141 页。

的基础之上。按罗尔斯的理解，重叠共识只限于政治领域的一种政治的正义观念，该观念必须具备三个特征：一是正义观念的主题必须是作为现代立宪民主的或民主政体的基本结构；二是该政治的正义观念是作为一种独立的观点提出来的，它必须独立于各种全面性学说，不对任何一种全面性学说存在偏好；三是它的内容必须为隐含在民主社会的公共政治文化之中的基本理念所表达。在罗尔斯看来，两个正义原则就是最合适的政治正义观念，因为两个正义原则完全符合上述的三个特征：两个正义原则的主题是"社会的基本结构，或更准确地说，是社会主要制度分配基本权利和义务，决定由社会合作产生之利益划分的方式"①；两个正义原则不是完备性学说，也不依赖于任何完备性学说，相反，任何一种完备性学说必须依赖于它，即它是判定任何一种完备性学说正义与否的标准；两个正义原则包含了现代民主社会的"自由、平等、博爱"三大基本理念。因此，两个正义原则就是重叠共识的核心，是判断评价其他任何完备性学说的根本标准。

作为重叠共识的核心，公平的正义观念（两个正义原则）是独立于各种全面性的宗教学说、哲学学说和道德学说之外的观念。政治的正义观念作为一种独立的观点，它不提出超出该政治观念之外的特殊的宗教的、形而上学的和认识论的观点，但它能够得到这些理性的却互不相容的学说的支持。罗尔斯指出："每一种全面性学说都以一种不同的方式与政治观念相联系。如果说它们都认可这一政治观念的话，那么，能这样作首先在于对该政治观念的推演性支持，并在各自学说的范围内继续支持这一政治观念；其次作为一种令人满意的和近乎最好的方式，就是在正常社会条件下支持该观念；最后一种方式是，依赖于值得考虑的判断来平衡相互竞争的价值观以支持该观念。"②

---

① ［美］罗尔斯：《正义论》，何怀宏等译，中国社会科学出版社1998年版，第7页。
② ［美］罗尔斯：《政治自由主义》，万俊人译，译林出版社2000年版，第171页。

二 正义理论所追求的目的不同

在马克思看来，我们需要的不仅在于"用不同的方式解释世界，问题在于改变世界"；不仅在于证明我们有合理的理想（如康德的永久和平，黑格尔的普遍次序），更在于证明我们有合理并且现实的理想；不仅在于我们希望理想在不可知的未来神奇地突然实现，更在于从当下就开始使对象世界现实地发生朝向我们理想的改变（所谓千里之行始于足下），直至理想的实现。这里当然不必说，这个理想的具体内容必然要在实践中不断地反馈和修正。因此，作为理想的"共产主义对我们来说不是应当确立的状况，不是现实应当与之相适应的理想。我们所称为共产主义的是那种消灭现存状况的现实运动。这个运动的条件是由先有的前提产生的"。因此，为了达到改变世界的目的，马克思就必然要深入他所生活的当下现实，通过对这个现实，亦即对"这个理想"的"先有的前提"的科学研究，找到改变当下这个具体世界而朝向"这个可实现的理想世界"的现实道路。

而罗尔斯则说："我的目的是要提出一种正义观，这种正义观进一步概括人们所熟悉的社会契约论，使之上升到一个更高的抽象水平。为了做到这一点，我们并不把原初契约设想为一种要进入一种特殊社会或建立一种特殊政体的契约。毋宁说我们要把握这样一条指导线索：适用于社会基本结构的正义原则正是原初契约的目标。这些原则是那些想促进他们自己的利益的自由和有理性的人们将在一种平等的最初状态中接受的，以此来确定他们联合的基本条件。这些原则将调节所有进一步的契约，指定各种可行的社会合作和政府形式。"也就是说，罗尔斯希望从一系列假设与虚构出的原初状态中得出的正义原则，可以作为"各种可行的社会合作和政府形式"的指导。在这种虚构的正义原则指导下，可以构建出各种"现实的乌托邦"。

罗尔斯在《正义论》一书的序言中一开始就明确表示他是要以他的"公平的正义"理论来取代西方长期以来在思想领域占优势地位的功利主义。他认为，以前人们对功利主义只是批评而无建树，或者说人们的建树至多是一些直觉主义观点，人们无法提出系统有序的正义原则与之抗衡。罗尔斯说"他们（指批评功利主义者）指出了功利原则的模糊性，注意到它的许多推断与我们的道德情感之间的明显不一致。但我相信，他们并没有建立起一种能与之抗衡的实用和系统的道德观。结果，我们常常看来不得不在功利主义和直觉主义之间进行选择，最后很可能停留在某一功利主义的变种上，这一变种在某些特殊方面又受到直觉主义的修正和限定。持上述观点虽然不无道理，而且，我们也没有把握一定能达到另一种更好的观点，但没有理由不试一试"①。因此，罗尔斯的目的就是用他的两个正义原则对抗功利主义的"最大多数人的最大利益"原则，以他的"正义优先于善"的思想反对功利主义的"善优先于正义"的思想。

三　理论分析和建构的工具不同

剩余价值理论是马克思分析、批判社会非正义现象并构建自身正义理论的重要理论工具。马克思对剩余价值的揭示，揭开了资本家剥削工人阶级的秘密。按照马克思的观点，我们可以得出这样一个结论：正是资本家对工人阶级剩余价值的无偿占有，造成了人们经济地位上的不平等和政治权利上的不平等，进而指出了资本主义政治权利的虚假性。在马克思看来，资本主义所有不正义的根源在资本主义私有制及其因这一制度造成的资本家对工人阶级创造的剩余价值的剥夺，由此可见，剩余价值理论是马克思构建其正义观的一个最为重要的理论工具。由于剩余价值的发现，才揭示了资本家对工人的剥削的本质。所以说，抓住剩余价值理论就找到了资本主义制度不正义的"钥匙"，也找到了社会真正正义实现的途径——消灭私有制、实现剩余价值的公共所有。

罗尔斯是根据对"善"的理解和要求指出正义的社会必然是公平、平等的社会，即使社会的分配有不平等的情况出现，也只能是不

---

① ［美］罗尔斯：《正义论》，何怀宏等译，中国社会科学出版社1998年版，第2页。

平等的分配必须要满足实现最少受惠者的最大利益才能成立。因此，罗尔斯正义论的分析建构工具关键就是对社会"善"的理解，关注的立足点是个人的自由和平等的问题。罗尔斯和其他政治哲学家一样，其理论目的也是为了建构一个秩序良好的社会。他所理解的秩序良好的社会主要有三个特征："说一社会秩序良好，传达了三点意思：第一，在该社会中，每一个人都接受，且知道所有其他的人也接受相同的正义原则；第二，它的基本结构——也就是说它的主要社会制度和政治制度，以及这些制度如何共同适合于组成一种合作系统——被人们公共地了解为，或者人们有充分的理由相信它能满足这些原则；第三，它的公民具有正常有效的正义感，所以他们一般都能按照社会的基本制度行事，并把这些社会基本制度看作公正的。"[①] 由此可以看出，罗尔斯强调只要人们都能接受同样的原则，并按照社会的基本制度行事，就能建构一个秩序良好的社会，显然，这只是一厢情愿。

四　正义的实现途径不同

科学社会主义理论的创立，实现了对资本主义正义观的革命。通过无产阶级革命，建立无产阶级专政的社会主义国家。无产阶级革命理论是马克思科学社会主义理论是重要组成部分，在这一理论中，马克思提出通过无产阶级革命，推翻资本主义社会，消灭生产资料私有制，建立以生产资料公有制为基础的社会主义制度，在社会主义社会中，进一步通过制度的健全和完善确保人的自由与平等。马克思指出，在社会主义社会或共产主义社会中，"每个人的自由是其他人自由实现的条件"。

罗尔斯的正义观的落脚点是"一个组织良好的社会"。但是正义的社会只有保持稳定，才能被叫作"一个组织良好的社会"。就如何保持正义的社会的稳定，罗尔斯借助于人们维护正义的观念或者说欲望。在罗尔斯看来，正义观念对生活在正义原则指导下的社会有着非

---

① ［美］罗尔斯：《政治自由主义》，万俊人译，译林出版社2000年版，第36页。

常重要的作用，它可以使人们一直按照某种正义感来做事。但是对于罗尔斯而言，还有一个非常重要的问题，那就是正义观念的稳定性问题。因为这关系到社会正义原则的稳定性和正义制度的稳定性，最终关系到这个组织良好的社会的持久公正性。但是，罗尔斯将"一个秩序良好的社会"的稳定性建立在抽象的共同道德的稳定性的基础上，使其正义理论丧失了坚实的基础。

第三节　罗尔斯正义论的价值意蕴

罗尔斯的正义理论既是对美国现实的一种批判，也是对世界现状的一种反思。他的正义论思想，涵括了社会主义和谐社会的基本特征，即民主法治、公平正义、诚信友爱、充满活力、安定有序、人与自然和谐相处等。21世纪我国要实现两大任务：一是集中精力发展社会生产力；二是推进社会的公平与正义，特别是让正义成为社会主义制度的首要价值。因此，罗尔斯正义论的思想，对于推进我国社会的公平与正义，对于建设社会主义和谐社会有着十分重要的指导意义和价值。

一　对我国法治建设的借鉴意义

民主法治社会是社会主义和谐社会的基本特征之一，而民主法治建设的核心是宪政建设。罗尔斯的正义理论特别重视宪政建设，认为只有在一个宪政社会才能真正建构一个秩序良好的社会，而要进行宪政建设必须遵守两个基本条件：一是宪法的制定必须符合程序正义原则。罗尔斯在谈到立宪阶段时，反复强调的就是程序正义问题，认为没有正义的程序，也就不可能建设实质性的宪政社会。他指出"如果我们认为正义总是表示着某种平等，那么形式的正义就意味着它要求：法律和制度方面的管理平等地适用于那些属于由它们规定的阶层的人们。……形式的正义是对原则的坚持，或像一些人所说的，是对体系的服从"①。二是宪法必须是重叠公识的核心。一个秩序良好的社会必须能够获得绝大多数人的支持，而在现代民主社会中任何一种合乎理性的宗教学说、道德学说和哲学学说都不能得到全体公民的一致认同。因此宪法要获得绝大多数人的支持，就必须独立于任何一种合乎理性的完备性宗教学说、道德学说和哲学学说之外，成为重叠公识的核心。这也就是说，在制定宪法时，政治国家必须要对各种全面性学说保持中立，要在各种不同的学说之间寻求相互间的重叠共识面，以确保民主政体得以持续稳定发展。因为，宪法所保障的是公民的自由平等的基本权利，公共权利是公民们平等地分享的权利，如果以公共权利去强化一种全面性学说，这种压迫性事实是不合法的，并且是不理性的。罗尔斯所提出的这两个基本条件对我们现在的法治建设有很大的借鉴启发意义。

二　对协调自由和公正关系的启发意义

罗尔斯的正义论是针对 20 世纪 60 年代美国危机四伏、贫富悬殊、社会冲突的现实提出的解决方案。它论证了民主制度的正义性和福利经济的合理性，要求在满足基本自由权利的前提下偏重于公正，即对一些非基本自由权利作一些适当的限制以减轻不平等带来的社会压力，在权利分配之前则要对各自出发点进行酌情考虑等。这些观点对于有效调节公正与自由的关系进而有效解决各种社会问题缓解社会危机起到了十分积极的作用。随着我国政治生活民主化、经济生活市场化进程的不断加快，个人与社会、自由与公正的矛盾也在更广泛的层面以更复杂的形式表现出来。为了保障公民个人充分享有政治经济的自由权利，把我国建设成为一个政治民主化、法制化的现代化国家，我们必须妥善处理个人与国家、个人自由与社会公正、民主与法治之间的关系，建立合理的政府管理制度。罗尔斯的自由平等原则强

---

① ［美］罗尔斯：《正义论》，何怀宏等译，中国社会科学出版社 1998 年版，第58 页。

调自由不只是指"摆脱"某些限制，或"免受其他人的侵犯"，也不是密尔所说的获得"最大多数人的最大利益"的自由，而是原初状态下各方必须拥有的基本自由。这是他们订契约必不可少的前提，也是他们理性的表现，表达了个人与社会政治制度的关系。罗尔斯的公正原则要求政府采取种种有效的干预手段，保障人们实现政治平等的基本权利和调节行业收入差距过大的问题，以实现政治上的民主平等和分配的真正公平正义。比如政府可以通过各种办学、发放各种助学金、奖学金、教育贷款等，保障每个人都享有平等接受教育的机会；政府通过对企业经营的管理，避免企业或行业垄断；政府采取种种办法和措施，消除一些政府官员的寻租现象，等等，以保障每个公民都能充分享有自由平等的权利。毫无疑问，罗尔斯关于协调自由与公正的思想对于政府应该如何制定对策以及制定怎样的对策以解决贫富差距日益扩大、社会不稳定因素增多等诸如此类的社会问题具有积极而重要的指导意义。

三　对处理公平与效率关系的指导价值

当功利主义主张以实际功效和利益作为道德标准的公平观逐渐失去其理论色彩的时候，罗尔斯的两个正义原则尤其是差别原则开始显现出它的理论优越性。在罗尔斯看来，公平是正义的第一要义和首要原则，任何限制、损害个人自由公平享有各项权利的政府，都是违反正义的。罗尔斯要求政府应保证每个人的机会均等，让每个人能够平等地享有平等择业、平等经营、平等竞争的权利，自由享受政府所提供的种种优惠、机遇等。为此，必须允许政府的干预和调节，但政府的调节只能是对人们最终形成的社会经济差距的调节，而绝不能伤及机会均等原则并且这种调节也不应超过有利于保障个人自由平等权利的限度。罗尔斯的这一正义理论，非常契合公平竞争的市场经济社会。在市场经济中，政府应为每个主体提供和创造平等的交易机会和条件，哪怕牺牲一些经济效率，也要使市场主体机会均等、公平竞争。尽管罗尔斯的这一观点看起来似乎有些偏激，但是它对于调整20

世纪 60 年代以来美国社会出现的种种社会矛盾和危机的确起到了举足轻重的作用。在我国社会主义市场经济条件下，如何运用这一正义原则来正确处理公平与效率的关系，这是一个值得探讨的现实问题。首先，要把合理拉开贫富差距和防止贫富分化两个方面有机地结合起来。在现阶段，社会上个人收入差距过大的现象严重，行业间职工收入差距悬殊，不同所有制职工收入差距较大，脑力劳动和体力劳动的利益倒挂现象仍然存在。特别是近年来，由于国有企业的改制和经济效益的滑坡，有大批工人下岗、待岗、收入降低，社会分配差距过大，贫富悬殊，已引起了社会的严重不满。这要求我们进一步深化改革，完善社会主义市场经济体制，完善有关政策、法律法规等，在政策上和制度上保证人们的平等就业机会，保证人力资源和自然资源的有效利用，逐步完善有关市场经济的规则，真正贯彻市场的效率原则和公平原则，着力解决收入差距过大的问题。其次，要尽快建立健全社会主义保障体系。保证社会公平的重要内容之一就是要切实帮助、扶持低收入者。国家应该发挥宏观调控的职能，对由于生产力发展不平衡，收入分配差别和其他不可抗拒的原因引起的一部分低收入者，从各方面给予必要的帮助，特别是要建立健全社会主义保障体系，对基本生活得不到保障的社会成员进行帮助和扶持，使之能够保证最基本的生活和尽快摆脱贫困。这样才能既促进效率的提高，又不损害社会公平，从而实现社会的和谐。

四　对保护弱势群体的借鉴意义

罗尔斯正义理论的一个突出特点就是对弱势群体的偏爱。所谓弱势群体，就是指在一定时期、一定社会条件下，一些人由于天赋、健康、能力等客观原因的差异和限制，导致他们在社会生活中总是处于一种不利的地位。比如基本政治民主权利得不到保障、经济上的利益分配得不到公正对待等，我们把这样一些特殊的人们统为弱势群体。在罗尔斯的正义理论里，就是指"最少受惠者"。不过，至于什么样的人才称得上是"最少受惠者"，对于这个概念应该如何界定，罗尔斯并没有给出明确的标准。随着市场经济的发展，分配领域中贫富差距会不断扩大，如何保护弱势群体社会稳定，使得弱势群体也能获得改革开放带来的成果逐步富裕起来，这就成为政府不得不认真考虑的迫切问题。对此，罗尔斯提出了补偿原则——"最大最小原则"，这是对"最少受惠者"而言能使他们获得最大利益的一个正义原则，这一原则也正体现了一种对弱者的必要关怀。如前所述，这一正义原则当然不可能完全由经济活动自身来实现，而必须通过政府行为，通过政府出面进行协调才能达到。这种调节手段是通过许多具体政策的制定和深化对税收制度的改革等，对人的所得利益进行第二次分配。也只有这样，才能更好地实现共同富裕的目标。可以说，目前我国政府实施的最低生活保障制度以及对税收制度的改革，体现了"补偿原则"精神。根据罗尔斯的补偿原则，那些具有较好天赋、能力尤其是在偶然因素有优势的人，其所以在分配上占的份额大，除了这较好的条件外，还在于他们在发展自身的同时比别人更多地占用了社会的资源，而这种资源本应当是全社会所共同拥有的，因而政府应当通过政策杠杆让他们回馈社会，对社会中的弱者作出补偿。在我国弱势群体中许多人之所以处于弱势地位，并不完全是因为自己的能力或投入少，而是因为各种各样的原因：一方面，是他们所处的环境，如在不发达地区或不景气的企业；另一方面，是主观的和人为的，比如他们被忽视和边缘化等。当然，补偿原则的实施是一种实施正义的行为，而不是一种纯粹仁慈的行为，不是一种纯粹的道德伦理的行为，也不是一种出自同情心的行为，更不是一种简单恩赐的行为。就是说，对弱势群体的保护和关爱不是表现为个体的伦理行为，而应该是一种社会行为，是一种关系制度的行为。

第四编

当代主要社会
思潮正义观点评析

　　正义问题不仅是民众关注的焦点，也是未来社会的重要价值目标。民众表达自己对正义问题的看法通常以社会舆论和社会思潮的方式体现出来，如金融危机、社会贫富分化、反腐等。当前，各类社会思潮对当代中国社会价值观的影响是复杂而多元的，这些思潮往往高举自由、平等、公平等正义的"外衣"，特别具有迷惑性。所以，运用马克思主义的立场、观点和方法，整体性地考察有关社会思潮，进行必要的"扬弃"，有助于提高我们的政治鉴别力与政治敏锐性，有助于丰富与发展马克思主义、增强马克思主义正义理论的时代气息，有助于意识形态斗争，加强社会主义政治文明建设。

　　改革开放和社会主义市场经济体制的建立，为我国社会生活各方面带来了深刻的变革，全球化进程的加快也让我国与世界发生更为密切的联系。近些年不断有各种不同的西方社会思潮传入中国，迅速渗透社会生活的各个领域，对我国当代社会的价值观产生了潜移默化的影响，对人们的思想观念、价值取向和行为方式产生了巨大的冲击。

　　为了牢固坚守马克思主义理论和社会主义核心价值观在我国高校的引领地位，确保培养出符合我国政治经济社会发展的人才，需要我们用马克思主义理论和世界思维看待西方社会思潮，研究西方社会思潮的本质属性，以及其主要社会功能，并且要运用相关研究成果去教育引导青年学生。本编主要在对中外学者关于社会思潮研究成果进行分析总结的基础上，对"社会思潮"进行科学定义，进而分析社会思潮的纽带、导向和催化作用；同时结合西方社会思潮的时代背景和阶级本质分析指出，西方社会思潮是指产生和形成于西方各国的特定历史背景下的，为资本主义的发展服务、代表资产阶级利益的，具有一定社会影响力的西方社会思想观念和倾向的统称。在明确定义的基础上分析了为资本主义利益服务的西方社会思潮的特征。在对社会思潮及西方社会思潮进行理论分析后，结合客观价值论、主观价值论和关系价值论等理论完成对价值的定义和特性的分析，并在此基础上对价值观进行了界定和分类。系统地介绍了西方社会思潮的起源、流变和发展趋势，梳理了当前具有一定影响的几大西方社会思潮，用马克思主义理论解析这些思潮，挖掘这些思潮潜在的危害，力图在理论上正确介绍、评析这些西方社会思潮，以帮助我们全面系统地认识西方社会思潮，进一步巩固和发展马克思主义阵地。

第一章

当代社会思潮简述

第一节　社会思潮的内涵

　　提到社会思潮，早在 1902 年梁启超的《论时代思潮》就有解读：
"今之恒言，曰'时代思潮'。凡文化发展之国，其国民于一时期内，
因环境之变迁，与夫心理之感召，不期而思想之进路，同趋于一方
向，于是相与呼应汹涌，如潮然。……凡'思'非皆能成'潮'；能
成'潮'者，则其'思'必有相当之价值，而有适合于其时代之要
求者也。"① 此"时代思潮"的定义中强调了社会历史发展阶段、社
会环境变迁、社会心理等要素，并肯定了"时代思潮"对社会发展的
作用和价值。他的定义深刻地说明了思潮的特点，对今天研究"社会
思潮"的定义仍有很大的启示。

　　当今，学术界对"社会思潮"的定义并没有达成统一的认识，各
有侧重，众说纷纭。具有代表性的两种观点为"综合说"与"中介
说"。"综合说"将社会思潮看成是社会心理与社会意识的综合表现形
式，如《中国大百科全书》中认为社会思潮是"在一定的社会环境
下，人们的一些利益需求在思想领域上的反映，这些思想理论进而影
响到了部分人的生产和生活。社会思潮的表现也较为多样，有的社会
思潮有特定的思想理论作为支撑，有的社会思潮又仅仅表现在人们的

---

　　① 梁启超：《清代学术概论》，凤凰出版传媒集团 2007 年版，第 7 页。

心理状态，是对社会意识的全面反映"①。"中介说"认为社会思潮是社会心理和社会意识之间的"中介"，这种观点是将社会思潮放在整个社会意识系统中分析，把社会意识看成由社会心理、社会思潮、社会意识形态三个基本层次的复杂结构，它们之间既有联系又有区别，社会思潮位于中间的承上启下的地位。②

　　"综合说"强调社会思潮的多样性和复杂性，但没有具体说明社会思潮的特殊性和层次性；"中介说"突出了社会意识的几个层次，着重研究社会思潮与社会心理和社会意识之间的相互联系，可是，它并未将社会思潮的复杂多样性完整地揭示出来。

　　综上所述，为了回答不同的问题，满足不同实践的需要，可以从不同的角度对"社会思潮"的含义作出解释。因而可以对社会思潮作如下理解：在一定的社会环境下，对应于相应的社会意识而产生的，以特定的社会议题为焦点，以群体的社会心理为基础，在一定范围内和一定的社会群体内较为盛行、能够产生一定影响的思想流派和理论体系。

　　这个理解可以从以下几个方面来把握：一是社会思潮的产生有其特有的社会背景，随着社会发展程度的不断提高和社会环境的不断变化，社会思潮也会随之不断变化；二是社会思潮不是主流的社会意识形态，是一种与主流意识形态相对应的思想理论观点；三是社会思潮是一种围绕重大社会问题或社会议题而展开的群体意识活动；四是要将社会思潮和社会心理区别开来，社会心理只是社会思潮产生的基础和前提；五是社会思潮是表达某一阶层或社会群体的愿望、诉求或利益的社会意识活动；六是社会思潮是理论观点和思想潮流，具有鲜明的理论性，它的传播需要系统、完整的理论体系做基础。因此，"社会思潮"可定义为："社会思潮是一系列理论观点的集合，是对某些群体利益诉求的反映，具有较为广泛的群众基础，能够在社会上产生

---

①　《中国大百科全书哲学卷（Ⅱ）》，中国大百科全书出版社 1987 年版，第 765 页。

②　梅荣政：《用马克思主义引领社会思潮》，武汉大学出版社 2008 年版，第 57 页。

较大的影响力；同时，社会思潮对主流社会价值观具有一定的消解作用。"①

第二节　社会思潮的类别

由于社会思潮具有多样性，因此我们这里把各种社会思潮按照不同的分类标准大致地分为以下几种类别。

从产生和形成的方式来看，可将社会思潮分为传统社会思潮、学科交叉产生的社会思潮和思潮交融产生的社会思潮。传统社会思潮：这些思潮主要是关于公民与国家和社会的关系、政治生活中的人性、价值观等传统内容。虽然时代不断变化发展，但话题一直保持至今，如自由主义、保守主义、激进主义等均属于传统社会思潮。学科交叉产生的社会思潮是各学科之间融会贯通而产生的较为复杂的社会思潮，如后现代主义、女权主义、生态主义等交叉型的社会思潮。思潮交融产生的社会思潮是原有社会思潮相互渗透而产生的，比如新自由主义、自由保守主义、社会民主主义、西方马克思主义等。

从社会思潮的影响程度来看，可将社会思潮划分为主流思潮和非主流思潮。主流思潮主要指在一定历史阶段内，某一社会意识形态中相对持久地处于支配地位的社会思潮。相反，非主流思潮，仅在较短的时间内流行或者始终没有在社会意识形态领域占到支配地位的社会思潮。它们虽然是非主流，但绝不能忽视，如社群主义、无政府主义、女权主义、生态主义等均有一定的影响。

由于社会思潮本身是一种复杂的社会现象，因此上述分类具有相对性。这里所说的社会思潮，主要是指20世纪特别是第二次世界大战以来西方主要资本主义国家流行并影响到其他国家的各种资产阶级社会思潮。

---

① 余双好：《当代社会思潮对高校师生的影响及对策研究》，中央编译出版社2011年版，第7页。

当代社会思潮的发展变化既是社会矛盾变化的产物，也是人们对社会现象和社会价值理想的认识不断深化的表现。其中，既有不少的糟粕，也有不少的精华。无论是糟粕还是精华，都对我们认识现实社会有着十分重要的作用。我们要辩证地认识它们在现实社会和思想政治教育中的作用，分析其中的精华和糟粕。对于其中的合理成分我们要借鉴和发扬，对于那些不符合我国社会和教育特点的，绝不能简单地搬到中国来，而要自觉地改造和剔除。因此，我们应该以马克思主义理论为指导，从西方社会的历史背景和中国社会的现实状况这两个视角出发，认识、批判和借鉴现代西方的各种政治思潮，以便为我国思想政治教育和现代化建设事业服务。

第三节　社会思潮在中国的发展趋势

当代社会思潮在中国的产生与发展，和中国当前所面临的错综复杂的国际、国内社会现实有着密不可分的联系。一方面，全球化趋势影响着每一个国家的政治经济秩序及思想观念的变革，同样对中国也产生深刻的影响。中外文化思想的交流、东西方文明的碰撞，致使拥有 5000 年文化传承和历史积淀的中华文明面临着文化整合和差异并存的时代命题。另一方面，在中国特色社会主义建设进程中，我国的经济结构、社会结构、利益格局及社会心理都无时无刻不在发生着变化，价值观念日益呈现多元化、复杂化的趋势，因此，多样化的社会思潮的存在，是当代中国必须正视并认真面对的一个现实。潮来潮往，波澜起伏，我们必须对当代社会思潮的发展路径和发展规律有较为清楚的认识，这样才能更好地规范和引导复杂多变的社会思潮，丰富和发展社会主义核心价值体系。

一　从理想到现实的转变

当代社会思潮在中国的一个重要发展趋势是从对理想的渴望到对现实的追求。近代以来，中国思想界一直以理想主义为主流，从清末康有为、梁启超的戊戌变法，民国孙中山的"三民主义"到毛泽东领导的新民主主义革命，无不以理想主义一以贯之。新中国成立后，中国共产党带领全国人民进行的社会主义革命和建设，所追求的目标仍然充满理想主义的色彩。改革开放后，随着人们头脑中"左"的思想的退去，理想主义目标也渐渐地褪色，现实主义逐渐成为社会思潮的主要特征。面对外面的世界、面对中国的国情，充满了现实主义价值判断与选择。但是，现实主义的盛行，也带来对理想主义追求矫枉过正的隐患，理想幻灭、道德沦丧，拜金主义、个人主义等思潮得以流行。"现实主义的选择同时意味着英雄主义的消退，意味着精英文化的失落，意味着绝对真理的消失，意味着工具理性的盛行。"① 这需要我们在建设社会主义核心价值体系过程中给予足够的关注。

二　从集体认同到个体觉醒的转变

从一切服从集体利益到个体价值得到尊重，也是当代社会思潮在中国的一个发展趋势。新中国建立后的社会思潮产生与发展的主导是党和政府，目的是维护制度的稳定和各种政治目的，发展动力来源于制度本身，个体的利益和诉求在社会思潮中的地位和作用微乎其微，很难反映出来。改革开放以来，基于经济制度的变革和社会机构的分化带来的不同群体利益诉求产生巨大差别，利益主体复杂多样。因此，社会思潮的主体更加多元复杂，个体的主体性得到强调。20 世纪 80 年代后，中国社会思潮演变的主要特点是强调主体性，这是基于社会发展进入了一个更加开放、更加理性，可以独立思考、独立选择的时代，作为社会思潮的主体能够将经济利益和经济价值作为追求的重点，实现个人经济动机的合法化。进入 21 世纪以后，"权利""公正""竞争"等思想观念得到社会各阶层的重视，日益成为处于不同社会地位和经济地位的群体虽是从各自的角度出发但最终却趋于一致的社会焦点问题。强调个体利益诉求如何同社会利益和集体利益实现

---

① 冷东：《中国当代社会思潮的主要特点》，《理论与现代化》1998 年第 11 期。

统一，是当前社会思潮引导的重要课题。

三　从本土向世界的转变

当代社会思潮发展的一个明显趋势是其赖以产生和发展的影响因素、理论基础越来越世界化。当代中国的社会思潮毫无疑问是思考和反映当代中国经济和社会发展问题的思潮。但是自开放大门打开后，中国的发展与世界的发展融为一体，你中有我，我中有你，中国经济需要不断吸收世界上的有利资源促进自身发展，同样思想领域也需要不断吸收世界的思想理论资源促进自身发展。因此，当代社会思潮在中国的产生和演变已经和世界发展趋势紧密相连，并与世界思潮互动、交流和融合。世界上政治经济秩序的变化，或者其他国家社会思潮的变化，都会很快影响到中国社会思潮的发展变化。当代中国流行的一些社会思潮是国内一些专家、学者希望将西方社会思潮移植到中国来，用以解决中国改革发展中出现的新的社会问题；还有一些社会思潮完全是西方反华势力为了达到颠覆我国社会主义制度的目的，而通过社会意识领域的社会思潮这一手段对我国进行和平演变。当然也有一些社会思潮，是当代中国对外部霸权主义和强权政治的一种回应，例如民族主义思潮的盛行与周边国家对我国主权的挑衅以及美国的霸权主义行径有着很密切的联系。在当代中国，社会意识领域的中外交流和沟通频率越来越高、速度越来越快，特别是某些西方资本主义国家宣扬其思想的优越性，因此，如何加以防范和引导应该引起高度重视。

四　从激进向保守的转变

当代社会思潮在中国还有一个明显的发展趋势是从激进主义转化为保守主义。20 世纪 80 年代之前的中国社会思潮具有激进主义特征，表现之一为理想主义盛行，希望加快体制和政策改革，立即改变我国和资本主义现代化国家的差距；表现之二是对人性解放的关注和启蒙，人们热切呼唤人性解放和权利自由，自由主义、个人主义盛行，新启蒙主义向青年灌输西方民主、自由、人权观念，主体开始觉醒，人性开始复苏；表现之三是一切以西方为本位，以西方为榜样，盲目崇拜西方，主张全盘西化，否定一些传统文化，陷入历史虚无主义的深渊。最终这些表现同时指向政治领域，资产阶级自由化思潮泛滥，最终导致出现政治上的激进主义，一部分青年学生深受蛊惑和影响，甚至出现了政治行为的失范，以致引起社会局部范围的动荡失控。

第二章

当代主要社会思潮评析

马克思主义是社会主义核心价值体系的基本内容和指导思想。面对纷繁复杂的当代中国社会思潮，马克思主义理论必须作出主动回应。一是在态度上要高度重视社会思潮在社会系统中的功能作用，认真对待社会思潮的流变，毕竟社会思潮动态地反映着人们对社会现实的关注和自身利益的表达。二是要注意评估社会思潮的基本走势，正确研判社会思潮的性质。社会思潮随着社会历史条件的改变而演进，一种社会思潮将为另一种社会思潮所取代，往往显现出潮起潮落的现象。三是社会思潮不是单纯地对社会存在的被动反映。它是不同阶级、阶层的社会评价活动及其成果，体现着一定阶级或阶层的利益和要求，因而具有强大的能动作用。社会思潮总是或明或暗地反对什么或支持什么，再加上广泛的群众基础，会形成对社会的某些失衡环节的冲击力量。所以应当研究社会思潮，正视社会思潮反映出的社会问题，在这种积极的应对之中创新马克思主义正义观。

第一节　民主社会主义思潮

一　民主社会主义思潮的本质

民主社会主义思潮起源于 19 世纪初，由第二国际社会民主党右翼发展而来，是 20 世纪以来西方社会盛行的一种资本主义的改良主义思潮。在当代，民主社会主义思潮不仅是作为一种理论形态，而且是作为一种实践形态而存在，社会民主党在西方资本主义国家中长期执政或轮流执政，对当代世界的进程产生了深远的影响。从历史沿革看，民主社会主义思潮和科学社会主义经历了共生、蜕变、分化、重建四个发展阶段。从最初作为"社会主义"同义词的"社会民主主义"，到强调政治民主多于经济民主的民主社会主义，再到现在强调经济自由多于政治民主的"第三条道路"，民主社会主义一步步成为资本主义既定制度的总体维护者和局部改良者。在中国改革开放和建设中国特色社会主义的背景下，民主社会主义思潮在国内产生了两次大规模的传播，形成了具有民主社会主义思潮本质特征的思想理论体系。处于追求社会主义理想最热烈阶段的青年，受到民主社会主义思潮的冲击，产生了不利于巩固社会主义理想信念、同情民主社会主义"多元化"思想、"福利国家"模式的思想倾向。本书梳理了在国际共产主义运动中民主社会主义思潮产生、变异、发展的历史进程，剖析了它的本质特征，回溯了20世纪以来民主社会主义思潮在我国传播的跌宕起伏的过程，特别是在世纪之交中国特色社会主义建设过程中，民主社会主义思潮的再次兴起及对当代青年思想产生的影响，分析了产生这些影响的复杂原因，提出要使青年成为中国特色社会主义事业的坚定信仰者和模范实践者，就必须在思想上划清中国特色社会主义与民主社会主义之间的界限。通过对进行社会主义核心价值观教育，使青年坚定马克思主义指导思想和中国特色社会主义共同理想；加强高校政治理论课教育效果，补足政治理论知识，使青年打牢正确辨析民主社会主义思潮的理论基础；全面开展国情教育、社会实践活动，正确认识改革开放和社会主义现代化建设事业取得的巨大成就；加强国际形势教育，使青年看到社会主义将迎来振兴和发展新高潮的前景。总之，通过对青年进行思想、理论、实践、前景四个方面的引导，最终使他们正确认识世情、国情，客观辨析民主社会主义思潮，划清民主社会主义和中国特色社会主义间的界限，坚定中国特色社会主义的理想信念。

二 民主社会主义思潮的特征

(一) 指导思想多元化

民主社会主义是指导思想上的多元化。社会民主党不认为民主社会主义有唯一的指导思想、唯一的思想渊源。《法兰克福声明》指出，社会党人基于共同的目标可以把自己的信仰建立在马克思主义、宗教原则或人道主义之上，"它不要求在处理问题的方法上严格一致"①。《哥德斯堡纲领》宣称："德国社会民主党是一个思想自由的党。它是由具有不同信仰和思想的人组成的一个共同体。"② 与多元化的指导思想一脉相承的是，社会民主党强调自身的思想渊源是多元的，德国社会民主党刊物《新社会》曾说：基督教关于人的形象学说与人的伦理要求，法国革命的人权，康德的伦理学和启蒙思想，黑格尔的历史辩证哲学，马克思的资本主义批判，伯恩施坦的批判的马克思主义，卢森堡的自发论……都是民主社会主义的思想渊源。因此，德国社会民主党的一位理论家说："所有这一切，在一定程度上讲，就是民主社会主义博采各家而又相互协调的出生证，它们一起构成了这个独一无二的伦理信条。"③ 从当今民主社会主义所蕴含的思想内容看，主要源于：马克思主义、拉萨尔主义、费边社会主义、伯恩施坦主义、资产阶级自由主义、新康德主义、资产阶级经济学、基督教伦理学。

(二) 政治上的多党制

民主社会主义在政治上表现为推崇多党制。《法兰克福宣言》明确表示："民主制要求不止一个政党有存在的权利和当反对派的权利"④，视多党制和各个政党在平等条件下的竞争为民主的基本特征。马克思列宁主义者认为，无产阶级政党是由工人阶级的先进分子组成的先锋队组织，具有鲜明的先进性，决定了无产阶级无可争辩的领导

---

① 殷叙彝主编：《社会党国际文件集》，黑龙江人民出版社 1989 年版，第 3 页。
② 同上书，第 150 页。
③ 林建华：《社会民主党国际论纲》，东北师范大学出版社 1997 年版，第 44 页。
④ 殷叙彝主编：《社会党国际文件集》，黑龙江人民出版社 1989 年版，第 72 页。

地位。民主社会主义者则反对这一基本论断，他们认为，这种判断破坏了工人阶级内部的平等，从根本上说不符合全体工人阶级的意愿。他们声称"社会民主党不是精英党，而且也从未是过。我们是，而且仍将是全民运动。社会的改变只能在绝大多数人同意时才能实现，这一思想在社会主义中是根深蒂固的"①。另外，民主社会主义者认为，这种判断违反了一个国家或社会的平等准则。平等是一个社会的准则，它不仅适用于经济领域而且适用于政治领域，经济领域的平等必然要求政治领域的平等，如果把政治权力完全给予或优先给予任何个人或集团，那看起来是十足的自相矛盾。据此，他们反对在苏联、在中国等现实社会主义国家实行的共产党一党制或在共产党领导下的多党合作制，他们抨击苏联和东欧国家实行的政党制度是共产党一党的独裁；指责"国际共产主义是新帝国主义的工具。不论在什么地方，只要它获得政权，它就破坏自由与获得自由的机会。它的基础是建立在军事官僚和警察恐怖之上的"②。

(三) 混合经济体制

民主社会的多元主义在经济上表现为以私有制为基础的"混合经济"体制。民主社会主义者声称，他们在经济上追求的目标是经济增长、社会繁荣、人人都能平等地分享经济成果，在不断扩大的自由中消除屈辱的依附状态和经济剥削。他们强调"只有建立一种把各种形式的所有制和监督手段结合在一起的经济，才能实现这些目标"③。从社会党国际及其成员党的所有制思想和实践来看，所谓"各种形式的所有制"实质上就是在不触动资本主义私有制的前提下，实行以资本主义私有制为基础的国有企业、私人企业和其他经济成分的所有制并存的"混合经济"体系。其主要内容有：一是主张保护和促进资本主义私有制。在如何对待资本主义生产资料私有制的问题上，社会党经

---

① ［德］维·勃兰特等：《社会民主与未来》，重庆出版社1990年版，第13页。

② 殷叙彝主编：《社会党国际文件集》，黑龙江人民出版社1989年版，第505页。

③ ［德］托马斯·迈尔：《论民主社会主义》，东方出版社1987年版，第103页。

历了从主张消灭资本主义私有制、实行社会主义公有制到保留和促进资本主义私有制的根本转变。二是强调公有制是调节经济发展、增强经济民主的手段。但民主社会主义所主张的公有制的实施范围是很狭小的，只有在用其他方法不能保证把经济权利作健全的安排的情况下，公有制才是必须的，在相当大的程度上它是为私人资本服务的，是对以资本主义私有制为主体的经济制度的必要补充。

（四）改良主义

民主社会主义思潮主张通过逐步的、延续性的改良而不是革命性的飞跃来实现新的社会目标。社会民主党认为，迄今为止的历史经验证明革命所付出的高昂"社会代价"与实际达到的自由和社会公正状况是不成比例的，因此，在走向社会主义的道路问题上也应该采取改良的手段。奥地利的克赖斯基指出："作为政治范畴的革命，失去任何现实内容。我们应有勇气承认，只有通过不断改良，社会才能发生变化。"

民主社会主义主张通过和平的、民主的和议会的道路取得政权，渐进地变革社会，反对用革命暴力打碎旧的国家机器。1951年社会党国际成立时，它的纲领就宣称"社会党人的奋斗目标，是用民主的方法建立一个自由的新社会"，"社会主义只有通过民主才能达到"。德国社会民主党理论家托马斯·迈尔说："德国社会民主党1959年《哥德斯堡纲领》的原则之一就是，在变革现实方面，实行'渐进主义'的一步一步的战略。""目标明确的改良主义是民主社会主义的本质特征。"瑞典前社会民主党领导人帕尔梅更是直言不讳："我们的运动是改良主义运动，改良主义是一个缓进过程。"由此可见，民主社会主义就是主张通过民主改良的道路走向社会主义，反对暴力革命，认为暴力只会导致"流血和独裁"。西欧一位社会党领导人强调说，在目前社会状况下，对我们这一代人来说，认为向社会主义过渡的道路将是一条暴力决裂的道路是不合乎实际情况的。

综上所述，民主社会主义思潮经过一个多世纪的发展，已经成为世界上一支很有实力的政治力量和具有很大影响力的社会思潮。据不完全统计，社会党国际共有 89 个成员党和组织，其中正式成员党 52 个，咨询成员党 25 个，兄弟组织 3 个，联系组织 9 个，有党员 2000 多万人，第二次世界大战后参政或执政的党有 30 多个。回溯民主社会主义思潮发展的历史沿革后，可以总结出民主社会主义如此壮大主要基于以下几点原因。

首先，民主社会主义适应了战后资本主义的需要。经过第二次世界大战，世界上出现了以苏联为首的强大社会主义阵营，而主要帝国主义国家除美国外，均元气大伤，民族解放运动又风起云涌，全世界无产阶级和进步人士心向社会主义，资本主义面临着经济、政治和思想的全面危机，其存在的价值普遍受到怀疑。这种形势迫使垄断资产阶级及其政府面临抉择：要么等待人民革命将其推翻；要么作出让步，同奉行改良主义的社会党结盟，孤立和打击共产党人，保存和延长资本主义的寿命。两者相比，它们自然乐于接受后者并加以利用。

其次，第二次世界大战后世界拥有民主社会主义思潮的社会基础。战后，许多面临破产威胁的垄断资本主义企业，需要国家干预，增加投资，他们希望社会党政府实行以资本主义私有制为核心的混合经济和市场经济。而因为两次世界大战带来的深重灾难，大多数居民惧怕战争，希望和平、稳定，宁愿改良，也不愿再经受大的动荡。这都扩大了民主社会主义的社会基础。

最后，社会主义国家的失误被大肆渲染。任何一种社会制度在其发展过程中，不可能是一帆风顺的，而社会主义国家出现的失误，不是科学社会主义自身带来的，恰恰是因为离开了科学社会主义原理的结果。然而，民主社会主义把社会主义国家曾犯过的阶级斗争扩大化的错误，说成是"极权主义""专制""独裁"，使共产党在同社会党争取中间群众的斗争中处于不利地位。他们还挖空心思地想促使社会主义国家的改革背离社会主义方向，改到资本主义道路上去。

第二节　新自由主义思潮

一　新自由主义思潮的本质

新自由主义是服务于发达资本主义实现其国际垄断地位的社会思潮，其本身就有鲜明的资本主义意识形态侵略性。依托全球化浪潮的进程，新自由主义思潮掩饰了它所带有的强烈阶级性与目的性被推行到世界各个国家与地区。由于新自由主义思潮本质上是服务于国际垄断资本主义，所以新自由主义在政治、经济和其国际战略上所倡导的主张实质上是为资产阶级做辩护，为资本主义制度做推销。

经济上，新自由主义主张市场化、自由化和私有化。市场化就是基于对市场这只"看不见的手"的自我调节能力的崇拜，将劳动、资本、技术和管理等生产要素统统交予市场去自发调节；自由化就是反对政府以任何形式插手经济领域活动，主张由市场自由配置所有资源；而私有化就是主张将国有企业和公共服务私有化，建立资本主义私有制。政治上，新自由主义强调否定公有制、否定社会主义、否定国家干预。国际政策上，新自由主义推行经济全球一体化，目的在于实现强国主导的资本主义全球一体化。其借以利用经济全球化的潮流趋势，通过跨国集团、世界贸易组织（WTO）和国际货币基金组织（MIF）的全球影响力，大力推进贸易的国际自由化，实现产品、服务、资本和货币在全球的无障碍流动。新自由主义思潮代表着掌控庞大资本和巨大资源的国际垄断资本利益集团的利益，是维护资本主义生产方式、推进经济全球一体化、建立全球新秩序、攫取垄断利润的理论武器，具有极强的隐蔽性和欺骗性。因此，我们要以马克思主义唯物辩证法的观点，一分为二地认识新自由主义思潮，批判性对待新自由主义思潮在中国的传播及其造成的影响。

二　新自由主义思潮的主要观点

从理论主张来看，新自由主义并不是一个具有统一理论认识的学派，而是由众多的理论学派和学说主张构成的一个理论群体。虽然主张新自由主义理论的不同学派学者，从不同的理论角度剖析当前西方社会所面对的经济、社会等问题，并建立了纷杂的理论学说，各自提出了互有区别的政策建议，但其理论主张存在共性。概括来讲，新自由主义的主要观点可归纳总结为经济、政治、国际战略以及价值观念四个层面：新自由主义在经济理论上主张自由化、私有化、市场化；在政治理论上坚决否定公有制、否定社会主义、否定国家干预；在国际战略则鼓吹全球经济、政治、文化一体化，即"全球资本主义一体化"；在价值观念上则倡导个人主义。

（一）经济理论上主张"三化"

新自由主义在经济理论上主张自由化、私有化、市场化，简称为"三化"。一是自由化。新自由主义在市场经营、市场竞争、市场贸易上主张自由放任，特别强调金融市场和资本流动自由化，要求开放各国的金融市场，便于资本自由流动，取消对金融的管制，让银行、信托、证券、期货、保险等金融企业自由经营。这一点在"华盛顿共识"十条政策措施中就有体现，如"华盛顿共识"强调汇率竞争、贸易自由化、开放市场并自由准入外国投资、放松政府管制消除市场准入退出障碍。① 二是私有化。新自由主义者皆强调私有制比公有制优越，他们认为，"私有制建立在私有产权的基础之上，而私有产权天然就比公有产权的界限清晰明了"，依靠私有产权给予私人在经济活动中的充分自由，可以有效调动个体的积极性，产生最大限度的经济刺激效应。这就在私有制的基础上，充分运用自由竞争制度、市场调配机制刺激个人对经济利益的追求欲望，进而有力推动经济发展。三是市场化。自由市场经济是新自由主义的核心主张，他们笃信自由市场运作的合理性和其在资源配置上的自发性，并强调市场价格机制能在保障个人利益的前提下，充分激发"看不见的手"的资源配置活性，从而带动整个社会经济效率

---

① 林泰：《问道——改革开放以来的社会思潮与青年思想政治教育研究》，社会科学文献出版社 2012 年版，第 164 页。

的提高。而市场的自由竞争是获得繁荣、保证繁荣最有效的手段，只有在充分自由竞争的条件下，市场才能最大限度发挥对资源的调配作用，实现对经济的自我调节。新自由主义在对"市场万能"的无限推崇下，将其市场化主张扩大到社会公共服务领域。他们反对政府、国家以任何形式干预市场经济，并要求将医疗、教育、能源等关乎个人生存问题的公共服务同样纳入市场体系中，泛化市场作用。正如大卫·哈维对泛市场化的阐述，新自由主义强调政府不可能获得足够的信息去预期市场价格机制给予的信号，所以要求国家政府在那些不存在市场的公共服务领域，如土地、水、教育、医疗保健、社会安全或环境污染等领域也要着手建立市场。而政府一旦建立起这样的市场，则必须将对这类市场的干预控制在最小限度。

（二）政治理论上宣扬"三否"

在政治理论上，新自由主义则强调三个"否定"，即否定公有制、否定社会主义和否定国家干预。一是否定公有制。新自由主义维护资本主义私有制，反对实行社会主义公有制。在反对公有制上，新自由主义者认为，公有制度建立的集体化经济模式会引起极权主义，而极权条件下，合理的、自发的价格机制根本无法建立，而价格机制活性的缺失则必然导致生产资料配置的低效，甚至无效，生产资料无法合理配置则必然抑制生产力的发展。因此，只有私有制才能充分激发生产力、实现经济活跃繁荣。二是否定社会主义。在新自由主义者看来，社会主义是对自由的限制与否定，会导致极权主义产生，而极权主义就是限制、否定个人自由，强迫其无条件服从权威或组织，是一条通往奴役之路。他们认为，"社会主义作为一个包括全部生产资料的社会制度是行不通的，尽管这种制度在只占有部分生产资料的情况下并非完全行不通，但其必然导致生产效率的下降，以至于使其非但不能创造更多财富，反而会起到减少财富的作用"①。同时，新自由主

① ［奥］路德维希·米瑟斯：《自由与繁荣的国度》，韩光明、潘琪昌等译，中国社会科学出版社1995年版，第178—194页。

义服务于国际垄断资本主义的实质，决定了新自由主义为资本主义辩护的本能特性，并以抹黑社会主义为己任。三是否定国家干预。受古典自由主义"弱化政府管理职能"理念的影响，新自由主义同样赞成"尽量让政府从干预中摆脱出来"，"管得最少的政府是最好的政府"的观点，概括来讲就是反对政府、国家干预。新自由主义否定国家干预主要体现在两个方面：其一，反对政府宏观调控经济活动。新自由主义作为凯恩斯主义的对立学说，坚决反对政府、国家干预经济活动。新自由主义者认为国家干预经济活动是对市场经济自由竞争与正常信息传递的破坏，阻碍生产要素的自由流动，限制个体在市场中自由、自发的经济行为，影响市场参与者的积极性，从而导致效率低下，并是一种对民主的破坏和对个人自由权利侵犯。其二，新自由主义反对国家干预的另外表现在反对福利国家制度。新自由主义强调财产和收入差距是个人能力所致，即便政府提供福利，也不应该以平等为目的过多行使福利职能。他们进一步强调政府支持福利国家制度不利于培养资本主义的自由竞争精神，反而会消磨个人的创造力与积极性，成为不劳而获者的温床。因为"高税收、高福利"的福利国家政策抑制了个人为满足内在欲望而衍生出对工作、投资、创业的积极性，不利于经济活力发展。他们为此举例，失业保险的提供会造成领取失业保险救济得以过活的人丧失工作欲望，宁愿失业也不愿再去找工作；而诸多社会福利补贴政策，则给没有工作欲望的人提供好逸恶劳的条件。因此，诸如养老、医疗、就业等福利保障制度不但助长懒惰的社会风气，并会加大政府财政负担，甚至社会福利开支的增加会进一步削弱企业的市场竞争力，挫伤作为经济活动主体的私人企业的创造力与积极性。如供给学派就提出，"如果政府干预变多，就会造成企业的负担，进而增加产品的成本，一些企业为了遵守政府制定的各项法规，则不得不缩减在研究和生产上的投入，久而久之则必然导致企业创造力和生产能力的下降，一旦企业的创新精神和风险投资的积极性被抑制，则生产力低下就是必然结果了"。

（三）　国际战略上推行"全球资本主义一体化"

新自由主义在国际战略与政策上推行强国主导的全球政治、经济、文化一体化，即全球资本主义化乃至美国化。① 全球化是一种人类社会发展阶段的新历史现象，全球化需要也已经将世界各个国家、地区纳入这一历史进程，这一点不置可否，然而这种参与应该是以包容国家、地区间政治、文化多元平等发展为前提，而非新自由主义宣扬的全球资本主义一体化。新自由主义推行全球资本主义一体化最显著也是最突出的表现就是在全球范围内推行强国主导的"结构调整"计划与"华盛顿共识"。"结构调整"计划与"华盛顿共识"中发挥核心作用的是国际货币基金组织、世界银行以及世界贸易组织。②

从 20 世纪 70 年代末开始"结构调整"计划已经展开，国际货币基金组织和世界银行组织在 20 年间先后与 88 个国家签订有关"结构"或"部门"调整的协议，在提供贷款上附加条件，规定债务国必须进行经济结构调整，要求债务国加强该国与国际市场的紧密联系。这种经济结构调整的措施包括国有经济部门的改革，鼓励实施私有化、降低或者取消对价格的控制、实现贸易自由化、鼓励出口、降低对本国生产的贸易保护，对外国投资流入条件实行自由化。这类政策是对主权国家在确定自身经济政策的明显干涉，带有强烈的政治意图。随后，1990 年提出的"华盛顿共识"进一步细化结构调整为十条政策并在世界各地继续推行。关于"华盛顿共识"的评价与其实质，俄国学者，曾供职于世界教科文组织的坦基扬如此描述，"'共识'是位于华盛顿若干机构向拉丁美洲国家提供政策建议的最低共识。其提出机构是美国的经济权力机关和美国主导的国际货币基金组织与世界银行。这种由一个国家的政府部门参加制定两个巨大影响力的国际组织的行动方式，一方面反映了美国的霸权政策，另一方面反

① 何秉孟、李千：《新自由主义评析》，社会科学文献出版社 2012 年版，第 11—14 页。

② ［俄］坦基扬：《新自由主义全球化：资本主义危机抑或全球美国化》，王新俊、王炜译，教育科学出版社 2008 年版，第 92—101 页。

映了其资本主义意识形态倾向"。

（四）价值观念上提倡"个人主义"

"个人主义"是新自由主义的理论的出发点。新自由主义是对古典自由主义的扬弃，但与其一脉相承。其承继了亚当·斯密的"经济人假说"，认为人类的本性是自私自利的、理性的，并无时无刻不试图以最小成本获取最大的利润。这种抽象人性论剥离了人的社会属性，将人归纳为自私自利的人，其一切行为都是从个人利益角度出发，并基于这种视角解释市场经济中人与人的交往行为和其社会关系。新自由主义在"经济人假说"基础上进一步阐述"个人主义"的观点，他们强调个人利益和个人自由为核心的"个人主义"是自由市场制度存在的基础。社会是由单个自由人构成，而社会财富的累加是由单个自由人进行经济活动而来。个人有了自由选择的权利，才能保证社会的进步与发展。尊重个人自由，就要让个体在市场中能够拥有自由选择权利，成为市场运作的主体。这种以个人自由为基础的自由市场制度，是效率最高也是最好的制度。新自由主义的代表人物哈耶克说："人类的主要问题是，这些有限的关心（事实上它的确决定了人们的行动）是怎样能够产生有效的刺激以使他们自愿尽其所能为那些他们不了解的需要作出贡献。经济学家们认为发展完善的市场是一种使得人们加入比他们所理解的更为广泛深入的一种过程的有效方式，正是通过市场才使得他们能够为'与自己毫不相干'的目标贡献力量。"① 在自由市场制度下，个人在为自己利益进行努力的同时，可以自动地为别人和社会的利益作出贡献。新自由主义强调个人的自由与个人利益的重要性，以个人为中心阐述个人与他人与社会的关系，形成一套利己主义与利他主义平衡理论。他们强调利己主义与利他主义这两种人性的基本动机是相互伴随的，存在一种天然的制约与平衡。在交换的经济活动中，个人会在利己心的支配下追求个人利益，

---

① ［英］哈耶克：《个人主义与经济秩序》，北京经济学院出版社1989年版，第176页。

为了达成交换的目的，则必然会顾及他人利益，因此利他主义便会得以实现。这种人类本能的天性并不以其他意志而转移，在其驱动人类活动的过程中，则将满足个人利益的利己主义与实现社会利益的利他主义相协调，最终形成"伦理道德的、经济的、政治的乃至社会的自然均衡或自然秩序"。[1]

第三节　当代文化保守主义思潮

一　当代文化保守主义思潮的核心观点

当代中国文化保守主义思潮与近现代中国文化保守主义思潮在思想上有直接继承关系，其既有与近现代中国文化保守主义思潮一脉相承的思想内容，也具有因时代历史条件不同而不同的思想内容。在当代中国文化保守主义思潮中，基于不同的学术背景、知识框架，形成了不同的思想派别，在不同的层面上讨论问题，使其具有复杂的思想内容。从狭义的概念，当代中国文化保守主义思潮核心内容主要有以下几个方面。

（一）强调儒学价值

认同和强调传统儒学价值，批判和抵制西方现代文化，既是当代中国文化保守主义思潮的基本特征，也是其核心思想内容。当代中国文化保守主义思潮主张复兴儒学、重建儒教、重建政治儒学都是以强调儒学价值的文化观为基础的。当代中国文化保守主义思潮极力强调传统儒学价值，提出了"儒学能够解决中国的一切问题""中国文化优越于西方文化"和"中体西用"等文化观。

1."儒学能够解决中国的一切问题"

当代中国文化保守主义者都高度认同以儒家文化为代表的中国传统文化，强调传统儒家文化的现代价值。在这一方面，蒋庆的思想最

---

[1]　段忠桥：《当代国外社会思潮》，中国人民大学出版社 2010 年版，第 67—85 页。

具有代表性。他认为儒学不仅具有博大精深的价值内涵，而且还有解决当代中国问题的深远功能。他曾说，中国自己的文化与儒学在解决中国问题与他自己的生命问题时所具有的价值是道家、佛家所不具备的，只有儒学能够全面地解决中国人面临的问题，即解决中国人的身心性命、社会政治与家国天下等诸多问题。他认为儒学是理想之学、信仰之学、希望之学，儒学能够给当今的中国人指明理想、提供信仰、带来希望，儒学能够给当今的中国人指明社会和谐与王道德治的理想、提供世界大同的信仰、带来宇宙太和的希望，"儒学……是世界上见天道的伟大宗教中的一种""儒学是天道的体现""儒学绝不是个别人只用理性构想出来的观念体系，绝不是代表某些人或阶层私利的意识形态，儒学是人类生命对神圣天道的体证，是人类精神对形上本源的把握"。他提出儒学在当今具有八大作用，即安顿中国人的个体生命、重建中国人的社会道德、重塑中华民族的民族精神、重建中国人的信仰与希望、重建中国政治秩序的合法性、建立具有中国文化特色的政治制度、奠定中国现代化的道德基础、解决中国的生态环保问题等作用。[1] 其他新儒家也多认同蒋庆的观点，在他们看来，儒学能够解决中国的一切问题，甚至世界的一切问题。这种夸大儒学价值的思想在当代中国文化保守主义思潮的主要代表新儒家中具有很强的代表性，是当代中国文化保守主义思潮的核心观点。

2. "中国文化优越论"和"中体西用"论

在宣扬文化决定论的同时，当代中国文化保守主义还宣扬"中国文化优越论"和"中体西用"观。在"中国文化优越论"上，蒋庆的思想也最有代表性。他认为文化或文明是有优劣的，是可以评判的，而这个评判标准就是中国传统的儒家义理标准。这个标准包括内容标准和形式标准两方面。内容标准主要看其是将道德放在第一位还是将功利放在第一位，凡将道德放在第一位的文化就是优秀文化，而

---

① 蒋庆：《儒学在当今中国有什么用?》，儒家中国网，www.confacius 2000. com. 2010年3月20日。此为蒋庆 2006 年 7 月 15 日在凤凰卫视《世纪大讲堂》上讲稿。

将功利放在第一位的文化就是劣等文化。诚如蒋庆所言,西方文化更强调科学、理性,中国文化更强调人文主义。中国传统文化有优势之处,但我们不能就此认为西方文化就是小人文化、下等文化,相反,西方文化所产生的科学成果是中国传统文化所不能比拟的,是需要我们认真学习和借鉴的。蒋庆的思想虽然不是所有新儒家的思想,但其观点也得到了不少当代新儒家的认同。其他新儒家虽然不像蒋庆这样直接批评西方文化,但也认为中国传统文化优越于西方文化。如盛洪在《什么是文明》一文中提出,"中华文明是通过伦理结构来解决道德教化的问题,通过两人之间的关系建立一种以自愿为基础的类似于市场的非强制性关系;加之它的其他特点,博大的包容性、向内求索的取向、具有和平精神,决定了惟有中华文明才能创建无核的全球文明"①。

当代新儒家大多都不是一味保守,而是主张学习西方文化,但都持有以中国传统文化为本来融合西方文化作为中国文化未来发展方向,即"中体西用"文化观。这一方面,陈明论述得较多,其"即用见体"理论实际上就是一种中体西用理论,其所谓的"体"一指董仲舒等所建立者;一指孔子的仁、朱子的理、阳明的良知。也就是把儒学作为本体用来建设中国的文化。而盛洪关于"西方有形制度与儒学传统无形制度相结合论"实际上也是一种当代版的"中体西用"论。盛洪认为,儒学传统是在中国的无形制度,是中国制度的"根",外来的西方的有形制度只有在传统儒学上"生根",才能有效地运转。因此,"中国大陆的制度结构,似乎应该是西方的有形制度与儒学传统的无形制度的结合"。②

(二)复兴儒学

"复兴儒学"是当代中国文化保守主义思潮最鲜明的旗号,也是

---

① 盛淮:《什么是文明》,《战略与管理》1995 年第 5 期。

② 盛洪:《寻求中华民族新的制度结构》,儒家中国网,www.rujiazg.com,2010 年 3 月 6 日。

其主要代表新儒家的思想纲领和政治宣言。一些大陆新儒家认为，目前中国道德沦丧，金钱至上，出现了全面危机，而马克思主义不能解决中国人的问题，因此当前中国的出路只有一条——复兴儒学。

1. "解决中国的问题必须复兴儒学"

早在 1989 年，当代中国文化保守主义思潮的主要代表新儒家之一蒋庆就提出并系统完整地阐明了"解决中国的问题必须复兴儒学"的思想。这些思想主要体现在他的《中国大陆复兴儒学的现实意义及其面临的问题》一文中。他在这篇长达 3 万多字的文章里，把中国社会描述成为"大陆三十年来实行专制统治""大陆人民三十年来最基本的生存要求与正当的物质需要都得不到满足""经济停滞不前，人民贫困不堪""邪说暴虐横行，私欲恶见膨胀，人的生命尊严与存在价值得不到最起码的尊重""不断出现严重的经济危机""这个社会每时每刻都面临着动乱崩溃的威胁与危险""现在生活在大陆的人们对道德的感受就像生活在罗马帝国灭亡时期的人们对道德的感受一样，彻底失去了，唯一的希望就是等待世界末日的来临"，人们"道德沦丧""精神空虚，意志消沉，醉生梦死"。[①] 在他的描述里，中国大陆可谓是问题成堆，积重难返。导致这些问题的原因是什么呢？在蒋庆看来，中国当前最大的问题不是发展经济和政治民主问题，而应是"民族生命无处安立""民族精神彻底丧失""中国大陆已经全盘西化""儒家传统遭到普遍否定"等问题。他认为中国抛弃了自己的传统儒家文化，这才是中国走向现代化的最大障碍，同时也是中国近百年来政治动荡不安的根本原因。

对此，该怎么办？他认为唯一的办法就是复兴儒学。在这种思想观点指导下，他提出了更为激烈的观点"儒学理应恢复其历史上固有的崇高地位，取代马列主义成为当今中国代表中华民族的民族生命与

---

① 蒋庆：《中国大陆复兴儒学的现实意义及其面临的问题》，《鹅湖》1989 年第170 期。

民族精神的正统思想"①。蒋庆在后来的一些文章和演讲里，也多次阐述其"复兴儒学"的思想，如其 2004 年 11 月 28 日在深圳原文化局报告厅作的《儒学探微——儒学的真精神与真价值报告》中讲到，儒学在解决当今中国的问题上具有非常重要的功能。现在的中国人在生命、社会、政治等很多方面都存在问题，而复兴儒学，就可以解决这些问题。因此，其认为，当今中国在文化层面的当务之急就是复兴儒学和弘扬儒学，这是当代新儒家的基本思想。

2. "民族复兴必须复兴儒学"

当代新儒家的另一代表康晓光也主张复兴儒学。他基本认同蒋庆"复兴儒学"的观点，认为"儒家文化的复兴，对于我们的道德重建，对于社会秩序的重建，对于中国人的国家认同和民族认同，对于政治正当性重建都是非常非常重要的"。他把"复兴儒学"提高到民族复兴的高度，认为"要实现民族复兴必须文化民族主义"，而"要复兴民族文化必须复兴儒学"。而且他的儒学复兴还不仅仅只是作为一种学说的复兴，这在他看来是远远不够的，要想实现民族复兴的理想，还要使儒学成为深入大多数华人日常生活的一种宗教，即复兴儒教，儒学才是真正的复兴。这就是他的文化复兴的基本逻辑，也是他的文化民族主义的基本纲领。② 盛洪、陈明也认同其"复兴儒学"之说。盛洪主要是从经济学角度来探讨"复兴儒学"的，他在《寻找中华民族新的制度结构》一文中，从制度建设层面提出了"复兴儒学"的逻辑。他论证在西方文化中有两个无形的基本传统：一个是希腊传统；另一个是希伯来传统。中国要学习西方，实现现代化，大致有三种方案可供选择：一是用希腊传统代替儒学传统。但这种方式无异于用唯理主义去破坏传统，可能最后会导致"礼崩乐坏"；二是用希伯来传统替代儒学传统，但这种方式曾尝试过几次都失败了，说明其与中国

---

① 方克立：《评大陆新儒家"复兴儒学"的纲领》，《晋阳学刊》1997 年第 4 期。

② 康晓光：《中国软力量建设与儒家文化复兴的关系》，儒家中国网，http：//www.rujiazg.com/article/id/723，2007 年 11 月 18 日。

人的原始精神很难相容；三是保持儒学传统。既然前两种方式都不行，那么，显然第三种选择就最有可行性，即保持儒学传统。而现实制度中，"儒学传统"早已经不存在，或者说没有现存的儒学传统，因此，"儒学若想在现代中国的制度结构中扮演重要角色，不仅要经历一场'宗教革命'，而且它首先要复兴"①。

二　当代中国文化保守主义思潮的主要特征

从上述当代中国文化保守主义思潮的核心思想观点及相关社会活动来看，复兴传统回归传统倾向、立足现实的世俗化特征、直接涉及政治经济层面这三个方面不仅有当代中国文化保守主义思潮不同于其他社会文化思潮之突出特点，也有其不同于近现代中国文化保守主义思潮的突出特点，是当代中国文化保守主义思潮的主要特征。

（一）复兴传统和回归传统倾向

从世界范围看，文化保守主义是现代化的催生物，是在反现代化运动中兴起的一种主张回归传统的传统主义。在非西方国家，文化保守主义还涉及本土文化与外来文化的问题，这使非西方国家的文化保守主义带有传统主义与民族主义的双重特征，即保守传统和回归传统倾向。近现代中国文化保守主义思潮都具有这双重特征，当代中国文化保守主义思潮仍然具有这双重特征。相对于现代而言，当代中国文化保守主义思潮主张回归传统，相对于西方文化而言，当代中国文化保守主义思潮主张保守传统，保守中国的本土传统文化，这两种倾向是当代中国文化保守主义思潮的基本特征。

（二）立足现实的世俗化特征

儒学天然的入世情使它从来就不是一种纯粹的哲学。儒学自产生之日起就为着解决现实问题的目的。近现代中国的文化保守主义思潮也是以立足现实危机出现的，但近现代中国文化保守主义者，无论是

---

① 盛洪：《寻求中华民族新的制度结构》，儒家中国网，http：//www.rujiazg.com/artiche/id/501/2010 年 3 月 6 日。

国粹派还是学衡派、现代新儒家，都在提出其文化观之后，就转向学术上的追求，尤其是现代新儒家，更多的是形而上哲学的追求，他们创造出丰富的中国哲学理论体系，为中国哲学作出了巨大贡献。作为一种思潮，近现代中国文化保守主义主要是一种学术文化思潮、哲学思潮。海外新儒家的文化保守主义也更多是学术上的取向，而没有涉及政治制度。与近现代中国文化保守主义思潮和海外新儒家不同，当代中国文化保守主义思潮的主要代表新儒家在提出其文化决定论、中西文化优劣论、中体西用论等文化观之后，并未继续在哲学层面纠缠，而是直接向下转向现实生活，走向俗文化认同。

（三）直接涉及政治经济层面

从思想、文化途径来解决中国问题，这是文化保守主义一贯奉行的宗旨。当代中国文化保守主义思潮的主要代表当代新儒家突破安身立命、成圣成德的个人心性儒学范畴，直指国家政治权力核心。这使之具有了社会思潮的性质，而不再仅仅是一种学术文化思潮、哲学思潮。当代中国文化保守主义思潮的主要代表新儒家从一开始起关注的就是现实政治层面。如蒋庆的文化保守主义最突出的特点就是"政治儒学"，而不是心性儒学。他认为当代新儒家把自己的抱负和学说局限于心性和个人修养是迷失了方向。他提出的"王道政治"论，直接针对的就是当代中国的政治制度。

当代中国文化保守主义思潮的主要代表新儒家倡导复兴儒学，要求把儒学树为王官学，把儒教定为国教，要求废弃马克思主义的指导地位，把尧舜孔孟之道作为国家根本指导原则写进宪法，上升为国家指导性意识形态，这些都将矛头直接指向我国的立国之本，涉及我国政治意识形态层面。

总之，当代中国文化保守主义思潮从精神学理层面向实践操作层面、从个人修养领域向公共生活领域大力推进，力图实现儒学转化政治、转化现实社会的功能，这使其具有了社会思潮的特征。当代中国文化保守主义思潮涉及范围广泛，已成为当今中国思想界一股不可忽视的力量。

第四节　"普世价值"思潮

　　"普世价值"理论源远流长,它自西方启蒙运动时已经渐成雏形,只是还没有明确使用"普世价值"一词。近年来,被人们所熟知的"普世价值"思潮既承袭西方启蒙运动核心价值,又观照现实,形成一套完备而严密的理论体系。

一　"普世价值"思潮的主要观点

(一) 主张抽象人性论和抽象人道主义

　　抽象人性论和抽象人道主义是"普世价值"思潮的哲学基础和理论依据。一方面,鼓吹"普世价值"者认为,研究人的本质,应该撇开人的社会性和阶级性去理解和考量人的普遍的共同本质,并把它看作是仅受自己"内在"或"先验"的东西决定。这无疑抹杀和阉割人的阶级属性和社会属性,把人性看成是脱离时代关系的某种永恒乃至神秘之物,显然是对人性的误读。另一方面,某些人又宣扬貌似正确却淡化阶级属性和社会属性的抽象人道主义。他们往往把人类的共同利益"抽空"和"夸大",倡导所谓的"全人类利益高于一切",进而将西方的核心理念及制度模式封为"人道",而与之不同的价值和社会制度便被扣上"非人道"帽子。所以,"人道主义"无非是用西方所谓的"人道"替换世界其他地方的"非人道"。这就扭曲了人道主义,也是对其歪曲。

　　哲学基础和理论依据的错误自然决定了"普世价值"思潮的思维误区,难怪他们强调"永恒与纯粹的民主、自由、人权、爱、理性",并利用强势话语霸权将这些西方核心价值观及相应制度吹捧为人类文明的主流和"最终成果",没有必要区分姓"资"姓"社"。抽象的个人和抽象的"普世价值"之所以成为西方资产阶级思想统治的有效方式,其原因就是从抽象的人出发,无法做到对现存社会进行批判与超越,人们似乎只能在同样毫无出路的两极徘徊:要么屈从现实,把现存社会关系视为"只能如此"的"自然秩序"，此即诉诸"单纯的直观"的产物；要么脱离现实，满足于自己的"想象中"超越和改变现存的一切，此即诉诸"思辨的抽象"的结果。① 马克思指出："人的本质不是单个人所固有的抽象物。在其现实性上，它是一切社会关系的总和。"② 这就是说，人的本质决定于其社会性，且随实践的变化而变化。而抽象人性论和抽象人道主义是从非具体的、非历史的、非阶级的观点出发研究"人"，将"人性""人道主义"终止于资产阶级时代，并将其"模式化"，从而导致他们所探讨的"人"远离人间、扑朔迷离。邓小平针对党内和社会上出现的宣扬抽象"人性"和抽象"人道主义"精神污染现象曾指出："我没有想到，我们党内有些同志也抽象地宣传起人道主义、人的价值来了。……离开了这些具体情况和具体任务而谈人，这就不是现实的人而是谈抽象的人，就不是马克思主义的态度，就会把青年引入歧途。"③

（二）宣扬"淡化意识形态"论和"意识形态终结"论

所谓"普世价值"思潮不过是西方"淡化意识形态"论和"意识形态终结"论在当代的改头换面和翻版。"淡化意识形态"论和"意识形态终结"论，是一种国际性的资产阶级性质的思潮，二者的共同实质是在于以貌似"合理"的"非意识形态形态化"或"去意识形态化"的方式来取消社会主义意识形态，并通过"委婉""中立"的表达方式和话语体系确证西方的"普世性意识形态"。近年来，"普世价值"思潮宣扬者一直不遗余力地倡导"民主、自由、人权、公平、正义、平等、博爱等是'普世价值'，中国不应自外于这些普世价值。在这些'普世价值'面前没有必要区分姓'资'姓'社'"④。实际上，"普世价值"思潮宣扬者根本无法避免意识形态影

---

① 侯惠勤：《论资产阶级实行思想统治和价值渗透的方式》，《红旗文稿》2009 年第 12 期。

② 《马克思恩格斯全集》第 1 卷，中央编译局，人民出版社 1972 年版，第 60 页。

③ 《邓小平文选》第 3 卷，人民出版社 1995 年版，第 60 页。

④ 周新城：《关于"普世价值"的随想》，《马克思主义研究》2008 年第 9 期。

响，他们有意无意站在资产阶级立场上"考虑问题"，并以一些迷惑性、抽象性"名词"设立"陷阱"，希冀将马克思主义意识形态"束之高阁"或实现社会主义意识形态与资本主义意识形态所谓的"合流与趋同"。

（三）吹捧西方中心论的"普世价值"

"普世价值"思潮的宣扬者将西方特别是美国视为"自由之邦""民主堡垒"，把西方文明（价值观念及社会制度）等同于"普世价值"。在他们看来，多元文化之间有优劣高低之分，按照"适者生存"原则，劣势价值观必被淘汰。西方人对他们的文明具有"天生的优越感和使命感"，极力推崇并向全世界推行被"模式化""凝固化"的"民主、自由、人权"等"普世价值"，声称唯有西方才是"民主、自由、博爱、人权"等"普世价值"的制定者、垄断者、输出者和认定者。国内一些人也对西方文明随声附和甚至顶礼膜拜，"戴着有色眼镜看问题"，亵渎真理。如：有人说，资产阶级的自由、民主、平等和博爱等意识形态，是"人类文明的核心，是人类在长期进化发展中形成的具有普遍世界意义的价值准则，以及由这些准则所规定的基本制度"，是"最高文明境界"，是"任何民族最终的制度进化归宿"。① 特别是2008年所谓的《零八宪章》，更是赤裸裸地宣传西方的"普世价值"观，要求中国向西方政治制度、经济制度及文化制度看齐。诚然，西方文明特别是"民主、自由、人权"等思想及相关社会制度曾推动了历史发展和社会进步，值得人们发扬、继承。不过，西方据此将自己核心理念自封为"普世价值"，陶醉于"唯西方独尊"的成就中，显然是对文明的亵渎，也是赤裸裸将狭隘的价值及制度夸大，这是以一种盛气凌人的姿态在全世界推行资产阶级价值观念、道德标准、意识形态。

（四）贬低和曲解中国特色社会主义的优越性

推崇和膜拜西方文明，极易使宣扬"普世价值"者对中国特色社

---

① 李崇富：《关于"普世价值"的几点看法》，《马克思主义研究》2008年第9期。

会主义的社会制度与核心价值观念颇有微词。他们认为我国走社会主义道路是"离开甚至背离了人类近代文明主流",主张我国政治制度、经济制度及文化制度应学习西方。如：一些人将经济改革的不如意归结为"基本经济制度没有创新",主张私有化；在"政治体制改革的目标上",倡导西方民主、法治与人权的"民主宪政",以改变"集权制度"和"病态社会"。同时,有人贬低和歪曲我国改革开放,"一本正经"宣称："中国实行改革开放,必须融入人类文明主流,民主、科学和法治,承认普世价值,同世界文明接轨。""在个别人看来,改革根本不是中国现实社会主义制度的完善,而是根据西方资本主义国家的民主、自由、人权等'普世价值',走向资本主义制度。"[①] 而且改革开放要想走向深入,就必须在指导思想上确立普世价值的观念,将普世价值作为我们文明中的核心价值和衡量尺度。当宣扬者看到我国在汶川地震、奥运会、世博会等取得胜利和成功时,又变相否认我国社会主义制度优越性,竟然将其归为"普世价值"的功劳。他们还在人权、民族和宗教政策等方面妖魔化中国,对西藏、新疆地区打砸抢事件进行歪曲解读,否定我国在宗教、民族及人权方面的相关政策。

二 "普世价值"思潮的实质

无论"普世价值"思潮旗号多鲜明、手段多高明、辞藻多华丽、逻辑多强、传播方式多隐蔽,只要我们认清它欺骗性、虚伪性的实质,就能识破它遮蔽下的政治阴谋。概括而言,宣扬"普世价值"思潮的意图和实质在于以下几点。

其一,指导思想上企图以西方资产阶级价值观取代马克思主义指导地位。宣扬"普世价值"思潮者主张"淡化意识形态"或"去意识形态",不要区分姓"社"还是姓"资",虚伪地鼓吹"社会主义"

---

① 刘书林：《所谓"普世价值"不是马克思主义的理论命题》,《学校党建与思想教育》2009 年第 6 期。

与"资本主义"应该趋同与合流。在这样伪善的前提下，依靠话语霸权巧妙输出西方核心思想价值观，以"普世"为名进行文化扩张，消解马克思主义在我国的指导地位。他们还宣扬马克思主义"过时论"，给具有科学性的马克思主义扣上"教条、僵化、专制"的种种帽子，想方设法用西方的"普世价值"取代马克思主义基本原理和中国共产党人的理论创新成果。同时，随着社会多元化趋势发展和人们张扬个性心态，一些人利用我国深化改革开放之机，大肆宣扬指导思想多元化，以此干扰我国社会主义核心价值体系建设。胡锦涛在纪念党的十一届三中全会召开 30 周年大会上的讲话指出，马克思主义是我们立党立国的根本指导思想。坚持和巩固马克思主义指导地位，是党和人民团结一致、始终沿着正确方向前进的根本思想保证。任何情况下，我们都必须坚持马克思主义思想指导地位。

其二，经济制度上为自由化制造舆论。有人给以美国为首的西方国家积极向中国推销"普世价值"概括了一个公式，即"私有产权 + 竞选民主 + 自由贸易 + 多元文化 + 开放社会 = 国强民富"，其中就把"私有化"放在首位。其目的就是使我国公有制经济基础发生变化，走向资本主义。

其三，政治制度上干预我国社会主义民主政治建设，扰乱政治体制改革。宣扬"普世价值"者趁我国深化政治体制改革之机，将西方政治模式推销给我们。他们希望我国以此为"样板"，"顺利"进行改革，取得更大"成果"。其实质是按西方的政治制度模式改造我国的基本政治制度，否定社会主义民主政治成果和优势。

其四，在民族认同与国家统一上消解人们民族认同意识，配合分裂势力言行举止。他们对我国民族区域自治制度进行指责，对西藏、新疆等地区人权"关注"，其实质无非是淡化民族意识、消解民族认同，变相支持民族分裂势力。

认清当前宣扬西方"普世价值"舆论的实质，就能识破"普世价值"思潮欺骗性和虚伪性阴谋，看透"美丽外衣"包裹下的伪善面孔，从而在手段高明的意识形态斗争中站稳阵脚。

第五节　历史虚无主义思潮

一　历史虚无主义思潮的本质

(一) 历史虚无主义思潮是一种唯心主义的历史观

历史虚无主义本质上是历史唯心主义，它与历史唯物主义是根本对立的。历史唯物主义是"关于现实的人及其历史发展的科学"，它认为社会存在决定社会意识，历史是人类的发展过程，并且历史的发展是有规律的，广大人民群众是推动历史进步的主要力量。而历史唯心主义则恰恰相反，其用人的意识来说明其存在，从观念出发来解释实践。历史虚无主义思潮认为历史是随着重要历史人物的意志和愿望而改变的，因而是没有什么客观规律的，是受偶然性支配的历史事件的堆积，因此是典型的历史唯心主义。

第一，否定革命，颂扬改良。历史虚无主义倡导者主要是通过虚无革命的必要性和夸大革命的破坏性来否定革命，进而来抬高改良的。最典型的是在《告别革命》一书中，作者把人们的注意力片面地聚集在革命"残忍、黑暗、肮脏"的一面，把革命描述成一种使人发疯发狂的"激进主义"，是"不理性的"，是"幼稚的"，只会"造成能量的消耗"的运动。凡是近代中国追求进步的运动，从太平天国农民运动到孙中山领导的辛亥革命，从五四运动到共产党领导的革命运动都被冠以"激进主义"加以责难，说农民运动"造成社会生产大规模的破坏"，辛亥革命"搞早了、搞糟了"，"其实是不必要的"，而五四运动则被冠以"（无产阶级的）救亡压倒了（资产阶级的）启蒙"的罪责，在他们眼中共产党领导的一系列革命是"错误的延续"，之后他们进而指责，正是这种"激进主义"祸害了中国，"延误了中国的现代化进程"。他们在对革命冠之以"激进主义"加以否定的同时，把改良称为稳健加以肯定，洋务运动、清政府的新政等被他们加以抬高，改良成为进入现代化的最优选择。

第二，污名化领袖与英雄人物。历史虚无主义思潮主要以贬损先进历史人物，为反动人物翻案为基调，其中最强音莫过于诋毁毛泽东、妖魔化毛泽东和歪曲毛泽东思想。他们死死揪住毛泽东晚年所犯的错误不放，污蔑毛泽东"不懂经济""大搞个人主义""独断专权外"，还对他的个人生活极尽丑化，说他的诗稿是别人代写的，桃色化毛泽东，还把毛泽东描述成"一个野心勃勃的政治家"。此外，其他先进历史人物也没能幸免，比如，把谭嗣同等人的牺牲说成"开启了砍头、流血的革命模式"，把林则徐的抵抗说成"蛮干"，把孙中山选择改革道路说成"思想不深刻"。相反，慈禧、李鸿章、蒋介石等人在历史虚无主义倡导者的笔下"华丽转身"，成为"有智慧的""深明大义的"悲剧英雄。

第三，否定社会主义建设，歪曲改革开放真意。一些学者说社会主义改革改早了，改错了，以中国当时的经济状况，根本没资格搞社会主义。社会主义建设时期，中国遭受了十年"文革"和三年饥荒，人民吃不饱、穿不暖，耽误、阻滞了中国的现代化进程。而改革开放则成为中国向以英美为师的近代文明主流的回归，他们要求以 21 世纪头 20 年来补"新民主主义"的课。

第四，美化帝国主义侵略和封建主义。在历史虚无主义思潮倡导者中，帝国主义的一声炮响给中国带来了现代文明，开启了中国的现代化进程，面对西方列强的侵略，最好是奉行不抵抗的策略，诸如三元里人民抗击帝国主义侵略的抵抗都是无用的、徒劳的、无意义的"白白牺牲"，"不如不抵抗"，若当时中国随便搭上帝国主义的哪一条顺风船都会比现在发展的要好。

第五，丑化和否定中国共产党。一些虚无历史的人说中国共产党在长征中勇夺泸定桥、巧渡金沙江、爬雪山、过草地等是自己杜撰的桥段，是共产党政治宣传工作的结果。在抗日战争中共产党"游而不击"，贡献远不如国民党大；党领导的民主主义革命、社会主义革命和党在社会主义初级阶段的基本纲领和基本路线，这些都是中国共产党领导的一系列错误的延续。

第六，否定中华文明的悠久历史。历史虚无主义思潮对中国古代的四大发明也进行了诟病，他们说中国文化从古代到现代，"内在机制存在严重问题"，是"不可能自我更新的"，说中国文明是以黄河为象征的黄色文明，"封闭落后""只能走向死亡"，唯有纳入西方蓝色的海洋文明才能继续发展，中国文化才能走向世界，中国才能实现现代化，融入全球化，等等。

（二）历史虚无主义思潮本质属性

阶级性是社会思潮的本质属性，政治思想是社会思潮的核心，不同的政治思想隶属于不同性质的社会意识形态。马克思主义属于社会主义的意识形态，是为无产阶级服务的；历史虚无主义属于资本主义的意识形态，是为资产阶级服务的。历史虚无主义思潮，极力否定革命、抹黑共产党、颂扬改良，美化帝国主义的侵略是因为它脱离了马克思主义的人民立场，站到了资产阶级的立场上来说话，在反思历史的名义下，贩售资产阶级自由主义、改良主义、个人主义等意识形态，展开思想理论的攻势，进行思想文化的渗透，是西方社会对我国进行和平演变的惯用招数。其目的就在于从历史文化领域入手，消解人们对马克思主义的理想信念，瓦解人们对中国特色社会主义的道路自信与制度自信，进而向往资本主义的制度，最终实现分化、西化我们的目的，把中国纳入西方社会的版图。所以说，历史虚无主义思潮本质上是资本主义的意识形态，是为资产阶级服务的。

（三）历史虚无主义思潮是以人性自私论为核心的价值观

社会思潮的本质是一种影响面很广的思想观念或思想倾向。有什么样的价值观就有什么样的思想观念，思想观念、观点中蕴藏着一定的价值取向。从某种程度上来说，历史虚无主义思潮是一种具有广泛影响的思想观念，其思想观点中无不渗透着主导其思想的价值观念与价值取向——人性自私论。主要表现在，历史虚无主义抽象的讲人，用抽象的人性、人的本质来评价历史人物，来解释历史。在对历史人物的重新评价中，过多地运用心理分析的手法，从所谓人道主义的立场出发，不以历史功过来论英雄，唯以抽象的人性为尺度，把同情、善意、宽容给予改良者，甚至卖国贼；用怀疑、不满和苛刻的眼光来审视革命英雄。于是，李鸿章、曾国藩等人成为"真正的爱国"，林则徐虎门销烟成为不自量力的"蛮干"，雷锋"身上丧失了人不应该丧失的东西——自我"，成为不真实的人。个人主义价值观下的历史也成为由人的自私本质、人的无穷欲望推动前进的历史。历史虚无主义思潮观点中所反映的"人性自私""主观为自我、客观为别人"的个人主义价值取向对青年思想侵蚀很深。

二　历史虚无主义思潮的特点

（一）历史虚无主义思潮集中表现为"告别革命论"

新时期，历史虚无主义思潮的一个突出特点就是否定革命。他们从现代化的视角来重新审视中国近现代史，把革命史观与现代化对立起来，渲染革命的"弊病"和"祸害"，宣称革命只起破坏性作用，是"激进主义"，阻碍了中国现代化进程。于是，他们首先否定农民运动，认为"每次农民革命都造成社会生产大规模的破坏"，继而，贬抑辛亥革命是"搞早了、搞糟了"，五四运动是"救亡压倒了启蒙"，中国共产党领导的一切进步革命运动在他们看来都是一系列错误。

（二）"学术研究"是历史虚无主义思潮的外衣

历史虚无主义思潮多以"学术研究"的面目出现，在"重新评价""重写历史"的名义下，兜售他们的理论与观念。他们的诸多理论结果善于打着"理论创新"和"理性反思"的旗帜，以学术研究的面貌通过学术刊物、各种研讨会和学术著作等形式表现出来。在近现代历史的研究中，一些学者放弃了唯物史观的指导，号称要进行研究范式的转换，实际上是在别有用心地解读历史，用所谓现实来"反观"历史，甚至"改造"历史。例如有些学者提出"一百年来的中国近代史其实是一场现代化史"；有人称颂以现代化而不是革命作为中国近代史的主线，是适应"时代精神"的"新范式"。

（三）历史虚无主义思潮有明确的政治诉求

社会思潮所提出的是社会变革时代关系到国家、民族、社会的历史走向的重大问题，所以不管它是以何种形式出现的，其核心都是有着明确的诉求的政治思想。历史虚无主义思潮亦是如此，它以现实来反著历史，为的是通过历史来影响现实道路的走向。历史虚无主义思潮并不是对历史采取完全虚无的态度，而是有选择的虚无。历史虚无主义思潮虚无的是中国革命的历史、是以马克思主义为指导的历史、是党领导人民奋斗的历史、是社会主义制度确立与建设的历史，他们甚至公开攻击马克思主义是真正的历史虚无主义，其反革命、反马克思主义、反社会主义的性质不打自招，他们的政治诉求不言自明，借助一些历史虚无主义学者的话来说就是"把一个自由的中国带入一个全球化的世界"。

上述几种社会思潮之所以能在国内有一定市场，就在于这些思潮几乎无一例外地披着一件印着正义字样的外衣。一个社会要得以维持，必须要有一套为社会所有成员普遍接受的合理性规则。在西方文化观念的冲击下，传统的中国社会文化秩序全面解体，对于转型时期的中国来说，如何建立一个符合现时中国社会理想的新的正义秩序，成为社会重建的首要目标，也构成了现代中国各类社会思潮的主题。唯物史观认为社会存在决定社会意识，要从物质实践出发来解释观念的东西。社会思潮必然随着实践的发展而不断发展，实践在发展，时代在进步，人们的认识总要随着社会的变化而不断改变，随着实践的发展而不断发展，不可能存在永恒不变的价值观念和社会思潮，但对于各类思潮却需要有甄别、批判的准备。

参考文献

一　马克思主义经典原著

1.《马克思恩格斯全集》，人民出版社 1956—1985 年版。

2.《马克思恩格斯全集》，人民出版社 1995—2004 年版。

3.《1844 年经济学哲学手稿》，人民出版社 2000 年版。

4.《资本论》（第 1—3 卷），人民出版社 1975 年版。

5.《列宁选集》，人民出版社 1995 年版。

6.《毛泽东选集》，人民出版社 1995 年版。

7.《邓小平文选》第 3 卷，人民出版社 1995 年版。

二　西方经典著作

1. ［古希腊］柏拉图：《理想国》，吴献书译，商务印书馆 1986 年版。

2. ［古希腊］亚里士多德：《尼各马科伦理学》，苗力田译，中国社会科学出版社 1990 年版。

3. ［古希腊］亚里士多德：《政治学》，汉译世界学术名著丛书，商务印书馆 2009 年版。

4. ［法］卢梭：《社会契约论》，何兆武译，商务印书馆 2003 年版。

5. ［法］阿尔都塞：《保卫马克思》，现代外国政治学术著作选译，商务印书馆 1984 年版。

6.〔美〕罗尔斯:《正义论》,何怀宏等译,中国社会科学出版社 1988 年版。

7.〔美〕罗尔斯:《政治自由主义》,西方政治思想译丛,译林出版社 2011 年版。

8.〔英〕戴维·米勒:《社会正义原则》,应奇译,江苏人民出版社 2001 年版。

9.〔美〕阿拉斯戴尔·麦金太尔:《谁之正义?何种合理性?》,万俊人等译,当代中国出版社 1996 年版。

10.〔美〕桑德尔:《自由主义与正义的局限》,万俊人等译,译林出版社 2011 年版。

三　中国学者的著作

1.吴忠民:《社会公正论》,山东人民出版社 2004 年版。

2.何建华:《经济正义论》,浙江人民出版社 2004 年版。

3.万俊人:《正义为何如此脆弱》,河北大学出版社 2005 年版。

4.袁久红:《正义与历史实践——当代西方自由主义正义理论批判》,东南大学出版社 2002 年版。

6.张一兵:《回到马克思》,江苏人民出版社 2005 年版。

7.王广:《正义之后——马克思恩格斯正义观研究》,凤凰出版集团、江苏人民出版社 2010 年版。

8.魏小萍:《追寻马克思——时代境遇下马克思人类解放理论逻辑的分析与探讨》,人民出版社 2005 年版。

9.林进平:《马克思的"正义"解读》,社会科学文献出版社 2009 年版。

10.李惠斌、李义天:《马克思与正义理论》,中国人民大学出版社 2010 年版。

11.涂良川:《在正义和解放之间》,吉林大学出版社 2011 年版。